essentials

Essentials liefern aktuelles Wissen in konzentrierter Form. Die Essenz dessen, worauf es als „State-of-the-Art" in der gegenwärtigen Fachdiskussion oder in der Praxis ankommt. Essentials informieren schnell, unkompliziert und verständlich

- als Einführung in ein aktuelles Thema aus Ihrem Fachgebiet
- als Einstieg in ein für Sie noch unbekanntes Themenfeld
- als Einblick, um zum Thema mitreden zu können

Die Bücher in elektronischer und gedruckter Form bringen das Expertenwissen von Springer-Fachautoren kompakt zur Darstellung. Sie sind besonders für die Nutzung als eBook auf Tablet-PCs, eBook-Readern und Smartphones geeignet.

Essentials: Wissensbausteine aus den Wirtschafts, Sozial- und Geisteswissenschaften, aus Technik und Naturwissenschaften sowie aus Medizin, Psychologie und Gesundheitsberufen. Von renommierten Autoren aller Springer-Verlagsmarken.

Andreas Tank

China-Marketing

Geschäftserfolg im Reich der Mitte

Dr. Dr. Andreas Tank
Shanghai
China

ISSN 2197-6708   ISSN 2197-6716 (electronic)
essentials
ISBN 978-3-658-11031-4   ISBN 978-3-658-11032-1 (eBook)
DOI 10.1007/978-3-658-11032-1

Die Deutsche Nationalbibliothek verzeichnet diese Publikation in der Deutschen Nationalbibliografie; detaillierte bibliografische Daten sind im Internet über http://dnb.d-nb.de abrufbar.

Springer Gabler

Gedruckt auf säurefreiem und chlorfrei gebleichtem Papier

Springer Fachmedien Wiesbaden ist Teil der Fachverlagsgruppe Springer Science+Business Media
(www.springer.com)

Statements zum Buch

China ändert sich. Das China-Marketing auch. Andreas Tank bringt auf den Punkt, was Unternehmen berücksichtigen, wenn sie in China erfolgreich sein wollen.
Peter Tichauer, Chefredakteur ChinaContact

Der chinesische Markt ist spannend und herausfordernd. Praxisnah und operativ gibt dieses Essential wertvolle Einblicke, worauf es im China-Marketing ankommt.
Michael Knapp, Marketing Manager Greater China Deutsche Lufthansa

Das China-Überraschungsbuch des Jahres: Einblicke in die Marktdynamik Chinas von einem ‚old China hand‘. Was kann alles schieflaufen, und vor allem: Wie macht man es besser.
Jörg Wuttke, Präsident Europäische Handelskammer in China

Dr. Dr. Andreas Tank beschreibt kompakt und sehr verständlich die Grundzüge eines erfolgreichen Marketings im chinesischen Markt und zeigt plakativ die teilweise frappierenden Unterschiede zur westlichen Kultur auf. Diese zu kennen und zu akzeptieren ist DER Erfolgsfaktor in China schlechthin. Dieses Booklet hilft der Leserin und dem Leser, einen Einstieg zu finden in das Land der für uns nie endenden (Marketing-)Wunder.
Ralf Kraemer, Sales and Marketing Director Fujian Benz Automotive

Das Buch liefert eine umfassende und sehr praxisorientierte Checkliste für den Eintritt in den chinesischen Markt und illustriert anschaulich die Notwendigkeit, sich tiefgreifend mit der chinesischen Kultur auseinanderzusetzen, um Fehltritte zu vermeiden.
Stefan Quack, Head of International Marketing Teekanne

Inhaltsverzeichnis

Erfolg im Wunderland 1

Das Chinageschäft ist kein Sprint, sondern ein Langer Marsch. Auch drei Jahrzehnte nach Öffnung des Landes bleiben die Erfolgsfaktoren für viele Unternehmen eine große Unbekannte. Vor allem die fremde Kultur und Sprache verhindern den entscheidenden Zugang. „In China ist alles ist ganz anders" hallt es durch westliche Firmenzentralen. Kontinuierlich unterlaufen Unternehmen Fehler, die durch eine entsprechende Einweisung in den fremden Markt deutlich reduziert, wenn nicht vermieden werden könnten.

Ohne die Aneignung von spezifischer, anwendbarer Chinakompetenz bleibt China mit seinen fast 1,4 Mrd. Menschen und weiterhin attraktiven Wachstumszahlen ein Zukunftsmarkt auf dem Papier. Dieses setzt Bereitschaft für neues Lernen und kontinuierliches Hinterfragen voraus. Zu häufig versuchen Abendländer, ihre in China erlebten Wahrnehmungen in westliche Theorien und Modelle einzubauen. Wer jedoch etwas Chinesisches geistig in etwas Westliches umwandelt und glaubt, es verstanden zu haben, obliegt einer Selbsttäuschung und provoziert gravierende Fehleinschätzungen. Schließlich gilt Asien insgesamt mit seinen unterschiedlichen kulturellen, religiösen und gesellschaftlichen Ausprägungen als „das große Gegenprinzip Europas"[1].

In diesem Marktumfeld gleicht jede kleinste Bewegung einem Umschwung, und so darf es kaum verwundern, dass der westliche Beobachter den deklarierten Zukunftsmarkt im Spannungsfeld zwischen Faszination und Furcht wahrnimmt, was auch ein Blick auf die Aufmacher der nationalen und internationalen Presse im Verlauf der letzten Jahre deutlich zeigt. „China buys the world" (Fortune), „Hinter dem Rücken kriegt man das Messer reingejagt" (Frankfurter Rundschau) oder „Chine – les nouveaux maîtres du monde" (Le Point) wechseln sich ab mit euphorischen Meldungen wie „Shanghai-Fieber" (Welt am Sonntag), „Gelbes Glück"

---

[1] Osterhammel 1998, S. 15; vgl. von Senger 2008, S. 2.

© Springer Fachmedien Wiesbaden 2015
A. Tank, *China-Marketing*, essentials, DOI 10.1007/978-3-658-11032-1_1

(FAZ) oder kurz „Wahnsinn China" (National Geographic). Ein Blick in die Geschichte zeigt, dass dieses „China-Phänomen" – Dawson führte 1967 die Metapher „Chinese Chameleon"[2] ein – im Westen nicht neu ist. Von den Jesuiten an über Handelsbeziehungen im Kaiserreich hat das „Wunderland China"[3] seit jeher eine starke Faszination auf das okzidentale Ausland ausgeübt.

Fasziniert, aber eben auch nicht ohne eine gewisse Skepsis, Furcht und Berührungsangst blicken Unternehmen noch im 21. Jahrhundert in Richtung Osten. Auf der einen Seite ekstatische, unvorstellbare Dimensionen, wie die Prognose von McKinsey, die chinesische Mittelklasse werde 2020 vierhundert Millionen Menschen umfassen[4], oder die Anziehungskraft exorbitanter Erfolgs- und Wachstumsmeldungen, beispielsweise bei Mobiltelefonen oder Fahrzeugabsätzen: Die Volkswagen Gruppe bezeichnet China bereits als ihren zweiten Heimatmarkt. Auch die „Go West"-Kampagne mit ihren Slogans „Can Do! Chengdu!" und „Half of the Fortune Global 500 are in my hometown" bleiben im Westen nicht ungehört. Auf der anderen Seite wiederum Nachrichten, dass sich Opel aus China zurückzieht, Microsoft seine chinesischen Nokia-Fabrikationsstätten nach Vietnam verlagert, gefälschte Apple Watches nur Tage nach dem globalen Launch erhältlich waren und Nivea erst 2015, drei Jahrzehnte nach Markteintritt, plant, die Gewinnschwelle zu erreichen.[5] Manch ein Unternehmen hat sich in China ein blaues Auge geholt. Vieles dauert sprichwörtlich doppelt so lang und wird doppelt so teuer wie geplant. Der Grat zwischen hoher Erwartung und schneller Enttäuschung ist schmal. Zahlreiche Weltmarken zeigen aber, dass es sich lohnt, an der Vision festzuhalten, und gar ein zweiter Versuch und Markteintritt durchaus erfolgreich sein kann. Nike machte Mitte der Achtziger Millionenverluste, heute ist der US-Sportartikelhersteller Marktführer in China.[6]

Gleichwohl die Alternative zwischen Abwesenheit und Marktpräsenz keine echte ist – über 5.000 deutsche Unternehmen sind aktuell in China aktiv[7] –, darf nicht vergessen werden, dass China ein Land mit kontinentalen Ausmaßen und bedeutenden regionalen, sozioökonomischen Unterschieden ist. Die rasante Entwicklung seit der 1978 durch Deng Xiaoping eingeleiteten Öffnungs- und Reformpolitik hat zu einer Überlagerung traditioneller und moderner Einflüsse geführt. Die starke Urbanisierung verstärkt dieses Phänomen. Vom Verständnis muss im

---

[2] Dawson 1967.

[3] Kaeuffer 1850, S. 13.

[4] Vgl. McKinsey Internet.

[5] Vgl. Reuters I Internet.

[6] Vgl. China Marketing Blog Internet.

[7] Vgl. Auswärtiges Amt Internet.

Grunde, trotz einheitlichem Kulturkreis, von vielen Ländern anstatt einem gesprochen werden, deren Erschließung schrittweise empfohlen ist.

Rechtsprechung, Entscheidungsfindung, Transparenz und Medienfreiheit, damit der erschwerte Zugriff auf das Internet, erfolgen in einem Einparteienstaat nach eigenen Regeln und verstärken ungleiche Marktbedingungen bei zugleich intensivem Wettbewerb und sinkenden Gewinnmargen. Nach dem aktuellen Business Confidence Survey der Europäischen Handelskammer in China urteilen zwei Drittel der großen Firmen, dass das Chinageschäft nicht einfacher, sondern komplexer und schwieriger geworden ist.[8] Der Faktor Mensch scheint in der Modernisierungsentwicklung das langsamste Element zu sein. Rekrutieren qualifizierten Personals wird neben Halten desselben und steigenden Arbeitskosten als Top 3 der geschäftlichen Herausforderungen angesehen.[9] Ein positiver Einfluss wird von den politischen Reformzielen erwartet, vornehmlich der nachhaltigen Steigerung des Binnenkonsums sowie dem stärkeren Ausbau marktwirtschaftlicher Strukturen.

Auch ein Kontinent wie Europa wurde nicht von heute auf morgen erschlossen und hat kumuliert erhebliche zeitliche und finanzielle Aufwendungen auf sich vereint. Insofern ist der chinesische Markt auch als Investition in die Zukunft zu verstehen, denn wer langfristig seine weltweite Marktführerschaft behaupten will, muss in China punkten. Worin unterscheidet sich dieser Markt nun im Vergleich zu anderen? Beispielsweise ist es wichtig zu wissen, welche Nutzenerwartung chinesische Konsumenten gegenüber ausländischen Produkten haben, wie hoch ihr Einkommen ist und welche Faktoren die Kaufentscheidung bestimmen bzw. wie Letztere beeinflusst werden kann und – nicht zuletzt – wie die Verwendungsgewohnheiten aussehen: Sowohl die Größe der Waren als auch Verpackung, Formen und Farben unterliegen spezifischen, kulturellen Bedeutungsmustern, die im Detail geprüft werden müssen. Ein weiterer wesentlicher Faktor, der besonderer Vorbereitung und Sensibilität bedarf, sind Sprache und Schrift, was vor allem Auswirkungen auf die Werbeplanung hat, da die im Herkunftsland üblichen Assoziationen und Konnotationen von Produkt- und Markennamen nicht vorausgesetzt, sondern meist völlig neu erarbeitet werden müssen. Hier stellt sich die Frage, mit welchen visuellen und verbalen Gestaltungselementen und in welchem Werbemedium die größtmögliche Wirkung bei der zu definierenden Zielgruppe der fremden Kultur erzielt werden kann. Aufgrund sehr deutlicher Unterschiede warten hier zahlreiche Fehlerquellen.

Bei der analytischen Betrachtung Chinas sind weder Exotisierung noch Verneinen von Unterschieden hilfreiche Berater. Um telegrafische Trends von Lang-

---

[8] Vgl. EUCCC 2014, S. 35 ff.
[9] Vgl. AHK 2014, S. 4.

fristentwicklungen unterscheiden zu können, beleuchten Marktkenner daher den Einfluss der Geschichte auf die Gegenwart. Sie kommen zu dem Schluss, dass sich Veränderungen primär in Äußerlichkeiten vollziehen, Traditionen im Hintergrund ihre Bedeutung behalten und es folglich langfristige Einfluss- und Erfolgsfaktoren im Chinageschäft gibt. Denn China stellt sich einer Verwestlichung entgegen, eine Modernisierung muss hier anders vonstattengehen. Durch das Wiedererscheinen von Traditionen bzw. eine Retraditionalisierung bleibt Kontinuität und chinesische Essenz, analog zum landesweit umworbenen „chinesischen Traum", gewahrt.

China stellt sich als dynamisches Land im Umbruch dar, das ausländischen Unternehmen Chancen und Potenziale bietet. Risiken machen die Bearbeitung dieses Marktes zur Herausforderung. Auf was ist folglich zu achten, wenn ausländische Marken in China Neuland betreten? Inwiefern erlaubt der chinesische Markt die Umsetzung weltweit einheitlicher Bearbeitungsstrategien und in welchem Ausmaß erfordert er die Anpassung an lokale Rahmenbedingungen?

Chinakompetentes Produktmanagement 2

2.1 Der chinesische Konsument

Bei der Entwicklung von Marketingkonzeptionen steht die Analyse der länderspezifischen Nutzenerwartung der Kunden an erster Stelle, denn gesellschaftlich-kulturelle Faktoren bestimmen maßgeblich das Präferenzsystem. Gleichwohl sei vorausgeschickt, dass es einen prototypischen „chinesischen" Konsumenten ebenso wenig geben kann, wie – Chinas geografische Größe auf europäische Verhältnisse bezogen – gleiches Konsumverhalten vom Nordkap bis nach Gibraltar.

Die älteren Generationen verlebten ihre Kindheit in einer geschlossenen Gesellschaft. Hungersnöte durch den „Großen Sprung nach vorn" (ab 1958) und Gewaltexzesse im Rahmen der „Großen Proletarischen Kulturrevolution" (ab 1966) prägten sie. Die nachfolgende Generation, auch bekannt als „kleine Kaiser", wuchs dagegen im Zuge der Marktöffnung und Ein-Kind-Politik heran. Eine Zeit gravierender Umbrüche, in der sich China von einem der ärmsten Länder zur zweitgrößten Volkswirtschaft der Welt entwickelte, das verfügbare Pro-Kopf-Einkommen im landesweiten Durchschnitt auf 28.844 RMB (4.120 €) anstieg und sich ein relativ kaufkräftiger urbaner Mittelstand herausbildete. In Shanghai liegt die jährliche Kaufkraft bei 47.710 RMB (6.815 €[1]), gleichwohl starke Unterschiede in der Verteilung bei der Zielgruppendefinition nicht außer Acht gelassen werden dürfen.[2] Zum Vergleich: Das verfügbare Pro-Kopf-Einkommen in Deutschland liegt bei 21.449 €.[3]

Diese Käuferschicht strebt nach innovativen Produkten, die im Ausland populär und führend sind. Hochpreisigere Produkte, vor allem Luxus- und Importmarken,

---

[1] Vergleich Lettland: 6.921 €. Vgl. GfK I Internet.

[2] Vgl. China Daily Internet.

[3] Vgl. GfK II Internet.

© Springer Fachmedien Wiesbaden 2015
A. Tank, *China-Marketing*, essentials, DOI 10.1007/978-3-658-11032-1_2

genießen einen höheren Vertrauensvorschuss und werden mit Vor- und Leitbild-funktionen verknüpft. Prestigewert, Status und Macht stehen beim Kauf an erster Stelle, schließlich werden Erfolg und Wohlstand mit dem Wunsch verbunden, dass andere diesen wahrnehmen. Produkte gelten folglich dann als besonders attrak-tiv, wenn sie die Individualität und den eigenen Stil fördern und dem Kunden er-möglichen, aus der Anonymität der millionenfachen Masse herauszutreten, dyna-misch-modern, international und anders zu sein. MasterCard zum Beispiel preist im Rahmen seiner „Priceless Beijing"-Kampagne einen exklusiven Aufenthalt im Pekinger Sommerpalast an: „Bask in the magic of the Summer Palace without the crowds." Slogans, wie „The best or nothing" von Mercedes, „Raise your stan-dards" von Radeberger und „Be different!" der Supermarktkette Olé bringen es auf den Punkt. Dieses Phänomen zeigt sich unter anderem im Straßenverkehr und an der hohen Nachfrage nach Luxuslimousinen. Studien haben darüber hinaus eruiert, dass auch der schnelle Anstieg des Kaffeeverbrauchs in China hiermit in Zusam-menhang steht: Der Erfolg von Starbucks ist vornehmlich auf den erwarteten Sta-tusgewinn beim Konsum zurückzuführen und nur zweitrangig auf die Geschmacks-präferenz. In dem chinesischen Kinoerfolgsfilm *Big Shots Beerdigung* von Feng Xiaogang heißt es: „Wir wollen nicht das Beste, aber wir wollen das Teuerste."[4]

Der Wunsch, sich aus der Masse abzuheben, hat die bedeutende Stellung der Familie in der kollektivistischen Gesellschaft nicht geschmälert. Im Gegenteil kommen Studien zu dem Ergebnis, dass die Jungen Kaiser in Bezug auf tradi-tionelle Werte zum Teil konservativer als ihre Eltern denken. Die Familie gilt für die Konsumenten weiterhin als Einfluss nehmendes soziales und hierarchisches Beziehungsgeflecht. Gleiches konnte für den Freundeskreis entdeckt werden: Ge-nerell bestimmen die Personen, die den Käufer umgeben, die Kaufentscheidung maßgeblich mit, denn sie sind die Ersten, bei denen der Konsument nach Kauf des Produktes Bestätigung und Gesichtsgewinn sucht.

Die rasante Entwicklung der letzten Jahrzehnte hinterlässt ihre Spuren in der Gesellschaft: Gesteigertes Stressempfinden, Ernährungsstörungen, Diabetes und eine zunehmende Selbstmordrate vor allem bei Jugendlichen sind zu verzeichnen.

2.2 Praxischeck Verwendungsgewohnheiten

Die Andersartigkeit der chinesischen Kultur zeigt sich auch in den Verwendungs-gewohnheiten. Das klassische Beispiel ist der Automobilsektor: Oberklassewagen werden in westlichen Ländern mehrheitlich vom Besitzer gefahren, in China vor-

---

[4] 不求最好，但求最贵。 Bu qiu zui hao, dan qiu zui gui.

Abb. 2.1 Hoher Sitzkomfort im Fond des BMW 5 Li

nehmlich von Chauffeuren. Es gilt somit, die Ausstattung und den Komfort im Fond zu erhöhen, wie Sitzabstand oder Unterhaltungselektronik. Ein Werbeplakat für die BMW 5er Serie zeigt den Fond mit Bildschirm und ausklappbarem Tisch für die Arbeit am Notebook (s. Abb. 2.1). Eine Anzeige für Audi A8 L zielt wiederum direkt auf CEOs und CFOs ab. Auch der Viano von Mercedes kommt in China vornehmlich im geschäftlichen Umfeld beispielsweise für VIP-Shuttle-Dienste zum Einsatz und dient weniger als Familienvan wie in westlichen Ländern. Ein höherer Sitzkomfort und ein edleres Interieur sind folglich gefordert. Ein anderes Bild zeigt sich in den unteren Preissegmenten. Ein Auto muss für diese Kunden, darunter eine hohe Zahl an Erstkäufern, in erster Linie praktisch sein, wozu unter anderem die Ausstattung mit vier Türen und einem geräumigen Kofferraum gehört. Den Polo vom chinesischem Marktführer Volkswagen gibt es auch als Stufenheckvariante.

Ein Beispiel aus dem Lebensmittelsektor ist Lipton. In westlichen Ländern vornehmlich mit Teebeuteln in Verbindung gebracht, wird in China auch loser Tee angeboten. Dieser eignet sich besser zum mehrfachen Aufbrühen. Zwar eroberte das Traditionsunternehmen mit seinem Schwarztee „Yellow Label" nur fünf Jahre nach Markteintritt die Führerschaft im Beutelsegment, eine nachhaltige Markterschließung erforderte jedoch Lokalisierungsmaßnahmen. Hierzu zählen die Erweiterung der Produktpalette durch lose Tees aus chinesischen Anbaugebieten und die Aufnahme lokaler Geschmackspräferenzen wie Jasmintee, Grüner Tee oder Milchtee.

Bei der Recherche der Verwendungsgewohnheiten der jeweiligen Zielgruppe stellt sich auch die Frage nach der technischen Ausstattung chinesischer Haushalte. Zwar ist landesweit eine starke Technisierung zu beobachten, Unterschiede ergeben sich allerdings weiterhin im Stadt-Land-Vergleich. Während im städtischen Umfeld sämtliche Haushalte über Waschmaschinen und Kühlschränke verfügen, sind es laut Statistischem Jahrbuch auf dem Land nur 67 %. Ein Backofen gehört nicht zur klassischen Ausstattung. Dr. Oetker produziert am Standort Shanghai folglich Pizzen für die Zubereitung in der Mikrowelle. Immerhin 62 % aller urbanen Haushalte verfügen über ein derartiges Gerät.[5]

Wenn Produkte für den chinesischen Verbraucher neu und unbekannt sind, ist Erklärungsbedarf vonnöten. Ein Supermarktaufsteller von Nutella verdeutlicht anhand einer bebilderten Mathematikaufgabe die Produktanwendung: „Ein Glas Nutella + eine Scheibe Brot = The tasty way to start your day".

2.3 Die passende Konsumgröße

Im Rahmen der Analyse der lokalen Nutzungsgewohnheiten ist die Konsumgröße relevant, weil Faktoren wie Haushaltsgröße, Wohnraum, politische Vorgaben oder das Kaufkraftniveau das Kauf- und Bevorratungsverhalten beeinflussen.

Vor allem bei Konsumgütern fällt die starke Präsenz kleinerer Verpackungseinheiten auf. Unilever bietet das Waschmittel Omo bereits in der Größe 560 g an, der größte Beutel enthält 4 kg. Haarwaschmittel der Marken Vidal Sassoon, head & shoulders oder Pantene Pro-V sind in Sachets à 5 ml erwerblich, Nescafé à 1,8 g und Skippy Erdnussbutter à 18 g. Kellogg's Cornflakes gibt es neben der 500-g-Packung auch in 25 g, 150 g, 275 g und 340 g. Gleichwohl sind chinesische Verpackungen im Vergleich zu westlichen bei gleichem Gewicht sowohl von den Abmaßen als auch vom Volumen oftmals größer. Vor allem bei Chips, Popcorn oder anderen Snacks ist zu beobachten, dass nicht nur zum Schutz der Ware, sondern auch für die Attraktivität der Darbietung zusätzlich Luft in die Verpackungen gefüllt wird. Über allem sind wiederverschließbare Beutel beliebt und gängig, dieses selbst bei Kleinstgrößen.

In einem chinesischen Stadthaushalt leben durchschnittlich 2,86 Personen (2012), die deutsche Haushaltsgröße liegt bei 2,02 Personen (2013). Die Haushaltsgröße spricht folglich nicht für die Notwendigkeit kleinerer Produktmengen. Aufgrund der Ein-Kind-Politik werden klassische Familienpackungen zumeist auf drei Personen ausgelegt. Colgate verkauft in einer solchen nebst Zahnpasta zwei große und eine kleine Zahnbürste. Maßgeblicher ist der verfügbare Wohnraum. Die durchschnittliche Pro-Kopf-Wohnfläche beträgt 32,9 m² in den Städten und 37,1 m² auf dem Land. In Deutschland beläuft sich der entsprechende Wert auf 42,7 m².[6]

Schließlich fließt der Kaufkraftfaktor als psychologische Komponente ein: Kleinere Packungen sind absolut gesehen günstiger und suggerieren ein minimales

---

[5] Vgl. Statistisches Jahrbuch 2013 Internet.

[6] Vgl. Statistisches Jahrbuch 2013 und Statistisches Bundesamt I + II Internet.

Fehlkaufrisiko. Zudem kommt dieses der breiten Masse mit ihrer relativ niedrigeren Kaufkraft entgegen. Vor allem bei Neueinführungen bieten Unternehmen anfangs kleine Größen an, um den Markt für ein Produkt zu testen. Größere Einheiten werden dann eingeführt und das Sortiment erweitert, wenn das Produkt vom Markt angenommen wird. Durch dieses Eingehen auf Mikrosegmente gelang es BASF bereits im vormodernen China, seine Farbstoffabsätze bis in kleinste Verkaufskanäle zu drücken, was als Summe vieler kleiner Absätze zu einem beträchtlichen Umsatz führte. 1913 erreichte dieser einen bis heute unerreichten Anteil am weltweiten Gruppenumsatz von über 14 %.[7]

Mit der zunehmenden Urbanisierung in China, knappem Angebot an Parkplätzen beim Einkauf und einer steigenden Dichte an Convenience Stores wird die Tendenz zu kleineren Verpackungsgrößen im modernen Handel weiter zunehmen. Im stark wachsenden eCommerce werden dagegen auch größere Einheiten nachgefragt, denn hier spielt das Verhältnis zu den anfallenden Versandkosten eine Rolle.

2.4　Ernährung und Geschmacksempfinden

Das Geschmacksempfinden in dem Kontinentalstaat China ist durch klimatische Faktoren und traditionelle Verhaltensmuster stark regional geprägt: salzig im Norden, sauer im Westen, süß im Süden und scharf im Osten. Es unterscheidet sich in vielerlei Hinsicht von dem westlicher Zungen, sodass hier vor dem Verkauf ausländischer Lebensmittel eine gründliche Untersuchung vorgenommen werden muss.

Essen ist immer auch funktional, vor allem durch den engen, jahrtausendealten Zusammenhang zwischen Ernährung und Medizin: Diätetik. Dieses zeigt sich in dem Begriff für gesunde und ausgewogene Ernährung: „yaoshan" (药膳) – eine Wortkombination aus „Medizin" und „Essen". Lebensmittel werden nicht nur aufgrund ihres Geschmacks, Duftes oder ihrer Farbe konsumiert, sondern besonders in Anbetracht ihrer positiven Wirkung: Lay's hat Chips mit Gurkengeschmack im Sortiment und lobt diese analog zu den diätetischen Eigenschaften als kühlend und erfrischend aus. Vor diesem Hintergrund sind gesundheitsbezogene Auslobungen förderlich: Auf Chiquita Fruchtchips heißt es „100 % Natural, No Added Preservatives, No Added Sugar, Not Fried in Oil", Lactel schreibt auf seinen Milchkartons „Source of Calcium", die Zitronenlimonade +C von Schweppes trägt den Vitamingehalt im Namen, Rivella betont, dass es kalorienarm ist, und Lactana Kindernahrung von Töpfer hebt seinen biologischen Anbau hervor[8].

---

[7] Vgl. Voigtländer-Tetzner 2008, S. 220.

[8] 德国有机米粉, deguo youji mifen.

Zahlreiche westliche Unternehmen haben ihre Produkte an chinesische Präferenzen angepasst: Tuc gibt es in der Note Seemoos, Cornetto mit Taro- und Milchgeschmack, Colgate mit Grüntee-Note, Pretz gibt es in den Varianten Pekingente, Shanghai-Krabbe und Scharfes Sichuan-Tofu und Heinz Babynahrung in der Kombination Lachs-Tomate und Karotte-Fisch. Starbucks verkauft schließlich Rote-Bohnen- und Grüntee-Frappuccino. Abhängig von der strategisch festgelegten Marktbearbeitungstiefe werden importierte Lebensmittel hingegen, von teilweise lokalisierten Etiketten und Umkartons abgesehen, mehrheitlich in standardisierter Form angeboten.

Marktneuheit und Konkurrenz sind wesentliche Kriterien, die die Frage nach Standardisierung oder Differenzierung beeinflussen, wobei Marktanpassung auch durch Erweiterung eines global strategischen Produktportfolios um lokalisierte Favoriten möglich ist. McDonald's hatte sein Produktsortiment am Anfang seiner Chinaaktivitäten 1990 nicht lokal angepasst, sondern im Gegenteil Anstrengungen unternommen, um die weltweite Standardisierungskonzeption zu stützen. Der US-Konzern förderte über einen Zeitraum von zehn Jahren die Anstrengung lokaler Bauern, die Kartoffelgröße zu steigern, denn diese erwies sich für die Herstellung von Pommes Frites als zu kurz. Der Konkurrent KFC wiederum hatte sein Sortiment 2001 erfolgreich um chinesische Speisen erweitert. Die Faszination und die Neugier an McDonald's sank. Der Burger-Bräter rückte 2003 von seiner Standardisierungsstrategie ab und versuchte den Abstand zu KFC zu verringern. Doch die Zahlen sprechen eine eindeutige Sprache: KFC verfügte 2014 über 4.400 Restaurants in China, McDonald's über 2.000.[9]

2.5 Kulturelle Bedeutung von Farben und Formen

Farben und Formen beinhalten soziokulturelle Bedeutungsmuster, die die jeweilige ästhetische Produktdarbietung beeinflussen. Dieser kulturspezifische Bedeutungsgehalt eröffnet ein weites Feld für Fehlentscheidungen.

Ein Exkurs in die chinesische Geschichte ist notwendig, der unweigerlich zum ältesten chinesischen Schriftwerk, dem „Buch der Wandlungen", führt. Dessen Entstehung wird bis auf das 3. Jahrtausend v. Chr. datiert. Es beinhaltet die bis heute bedeutsame Lehre von den fünf Elementen Wasser, Metall, Erde, Holz und Feuer. Alle Phänomene, darunter Farben und Formen, befinden sich mit den fünf Elementen in einem System von Wechselwirkungen. Das chinesische Denken wird

---

[9] Vgl. Chicago Business Internet.

grundsätzlich von der Zweiteilung der sich ergänzenden Kräfte Yin und Yang beherrscht, die für Körper, Geist und Seele grundlegend sind.

In China allerorts sichtbar ist die Vorliebe für die Farben Rot, Gelb und Gold. Rot ist das Äquivalent zum Sommer, zum Feuer, zum Herzen und zur Freude. Es ist die Farbe der heiteren Feste und der Abwehr gegen das Böse.[10] Gelb, die Farbe der chinesischen Kaiser, und Gold werden mit Geld und Wohlstand in Verbindung gebracht.

Ein Wandel lässt sich bezüglich der Farbe Weiß feststellen. Traditionell wird sie mit Tod und Trauer in Verbindung gebracht. Während Chinesinnen zur Hochzeit traditionell in Rot gekleidet waren, tragen sie heute zunehmend auch weiße Gewänder. Dieses gilt als schick, da in den USA oder Europa ebenfalls in dieser Farbe geheiratet wird. Weiße Hochzeitskarten mit chinesischen Bräuten wurden noch 1999, als Hallmark den chinesischen Markt betrat, als kulturell unangemessen bezeichnet.

Farbwirkungsanalysen spielen eine primäre Rolle in der Modebranche. So hat H&M keine grünen Hüte im chinesischen Sortiment. Denn die Redewendung „dai lü maozi"[11] – einen grünen Hut tragen –, heißt, ein betrogener Ehemann zu sein. Studien kommen zu dem Ergebnis, dass chinesische Konsumenten farbenfreudige und auffällige Designs bevorzugen, schließlich wird Kleidung nicht nur zum Wohlfühlen getragen, sondern erneut auch vor dem Hintergrund der erhofften Außenwirkung. Werden Accessoires allerdings zum Massenartikel, nehmen Exklusivität und Gesichtswert ab. Modemarken wie Louis Vuitton haben folglich die Preise in China erhöht.

Studien belegen, dass charakteristische Markenfarben nicht angepasst werden. So ist die Nivea-Dose blau, obwohl diese Farbe einst Erinnerungen an Mao-Anzüge aufkommen ließ und die bösen Charaktere in der traditionellen chinesischen Oper blau geschminkt sind. Gleichwohl steht Blau auch für Spiritualität und Glaube, Treue, Sorgfalt und Umsichtigkeit. Die Logos zahlreicher chinesischer Banken und Versicherungen sind in dieser Farbe gehalten.

Marktaktive Unternehmen berücksichtigen chinesische Farbpräferenzen vor allem an Feiertagen oder für besondere Anlässe, wobei die Farben Rot, Gelb und Gold vorrangig eingesetzt werden: Schiesser bietet zum Frühjahrsfest rote Unterwäsche mit goldenem Aufdruck des jeweiligen Tierkreiszeichens an und passend hierzu eine goldene Verpackung (z. B. ein Hufeisen im Pferdejahr, s. Abb. 2.2), die Schaufenster von Nespresso-Boutiquen zeigen rote Kaffeezubereiter, Smart brachte im Drachenjahr eine rot-goldene Sonderedition heraus, und die Mitarbeiter von Apple-Läden tragen zum Neujahrsfest rote anstatt blaue T-Shirts. Zum 100.

---

[10] Vgl. Weggel 1997, S. 320.

[11] 戴绿帽子.

Abb. 2.2 Rote Schiesser-Sonderausgabe zum Frühlingsfest

Geburtstag von Wrigley's Doublemint kam wiederum eine Sonderedition mit in goldfarbenes Papier eingewickelten Streifen auf den Markt.

2.6   Die Übersetzung des Markennamens und Slogans

Unternehmen müssen ihren Namen bei Eintritt in den Markt in chinesische Schriftzeichen übertragen. Dieser Entwicklungs- und Eintragungsprozess ist langwierig und sollte frühestmöglich gestartet werden.

Die für die Namensübertragung zu wählenden chinesischen Schriftzeichen sollen nicht nur vertrauensvoll und aussagekräftig, sondern auch elegant sein und positive Assoziationen wecken. Neben dieser linguistischen Sensibilität ist eine Prüfung der potenziellen Kombinationen in den wichtigsten chinesischen Sprachen und Dialekten Pflicht. Diese dient dazu, Fettnäpfchen durch gleichklingende Laute zu vermeiden, die aufgrund von gut 50.000 Schriftzeichen, 400 Silben und vier Tonhöhen konzentriert auftreten. Das Milchpulver Lactogen hieß auf Chinesisch anfangs „lei tu jing" (勒吐精). Das Produkt „bringt dich dazu, die Lösung zu erbrechen". Der Name lautet heute „li duo jing" (力多精): „Lösung großer Stärke". Die amerikanische Getränkemarke 7 Up wurde zuerst wortwörtlich in „qi shang" (七上) übersetzt. Dieses weckte bei den Chinesen pikante Assoziationen mit „qi shangchuang" (七上床): sieben Mal ins Bett gehen. Daraufhin wurde das Getränk in „Sieben Freuden" (七喜, qi xi) umbenannt.

Ausländische Unternehmen versuchen mehrheitlich, ihren Namen phonetisch oder unter Berücksichtigung seiner Bedeutung zu übertragen. Coca-Cola heißt „kekou kele" (可口可乐), zu Deutsch: „schmackhaft und macht froh". Der chinesische Name für Lego ist 乐高 (le gao), was sich aus „Freude" und „groß" zusammensetzt, Siemens wählte 西门子 (xi men zi), was mit „Westen, Tor, Sohn" ebenfalls eine positive Bedeutung hat, Citroën ist der „Schnee-Eisen-Drache" (雪铁龙,

xue tie long), Donut King der „Vielfreudestern" (多乐星, duo le xing), Kühne verspricht besten Gewinn (冠利, guan li), und Nutella „kann viel Nutzen" bringen (能多益, neng duo yi). Der erste Teil von Oral-B wurde phonetisch in 欧乐 (ou le, europäische Freude) übersetzt; der Buchstabe „B" blieb unverändert: 欧乐-B. Underberg ist der „tugendhafte Schatz" (德宝, de bao), wobei das erste Schriftzeichen zugleich an die deutsche Herkunft erinnert (德国, deguo = Deutschland). Kinder Schokolade greift schließlich eine Kernbotschaft des Produktes auf: „jian da" (健达) steht für „Gesundheit erlangen".

Neben diesen Beispielen kann es aber auch vorkommen, dass phonetische Kombinationen gewählt werden, deren Silbenkombination keine besondere Bedeutung zukommt. McDonald's heißt „mai dang lao" (麦当劳, Weizen, gleich, Arbeit), Kneipp „ke nai pu" (克奈圃, Gramm, wie, Beet) und Dr. Beckmann „bei ke man boshi" (贝克曼博士, Muschel, Gramm, graziös, Doktor). Chinesen ist in diesem Fall bewusst, dass es sich um eine phonetische Übertragung handelt. Sämtliche Namen, auch von Personen des Weltgeschehens, erhalten schließlich auf diese Weise Einzug in die chinesische Sprache. Gleichwohl sollten Schriftzeichen mit negativer Bedeutung ausgeschlossen werden.

Eine phonetische Übertragung ist nicht immer möglich oder sinnvoll. Hier kann ein Name gewählt werden, der von der Bedeutung des Wortes herrührt oder andere Markenelemente hervorhebt. Apple heißt auf chinesisch „pingguo" (苹果) = Apfel, Volkswagen „dazhong" (大众) = die Masse des Volkes. Burger King wurde wortwörtlich in „hanbao wang" (汉堡王) übertragen und nimm2 in „zwei Schätze" (二宝, er bao). Continental Reifen sind in China unter dem Namen „Pferdemarke" bekannt (马牌, ma pai).

Auch bei der Übertragung des Slogans wirkt sich der souveräne Umgang mit der Sprache des Ziellandes imagebildend aus. Während die meisten Slogans anhand ihrer inhaltlichen Bedeutung ins Chinesische übersetzt werden, bietet auch hier die Sprache kreative Gestaltungsspielräume. „Live for now" von Pepsi wurde zu „Sehnsucht nach dem Jetzt", wobei die ersten beiden Schriftzeichen wie im Deutschen auch für „Durst" stehen können.[12] Der Einsatz von Fremdsprachen wird allgemein nicht empfohlen, da entsprechende Kenntnisse in der breiten Bevölkerung so gut wie nicht vorhanden sind.

2.7   Hinweise zur Verpackungsgestaltung

Vor dem Einsatz der Verpackung gilt es, die Tauglichkeit des Einsatzes in China sowohl hinsichtlich der Promotions- als auch Schutzfunktion zu überprüfen.

---

[12] 渴望就现在, kewang jiu xianzai.

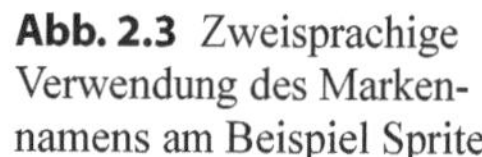

Abb. 2.3 Zweisprachige
Verwendung des Marken-
namens am Beispiel Sprite

Markenartikler sind bestrebt, ihre Verpackungen im Ausland so wenig wie
möglich anzupassen. Änderungsbedarf ergibt sich in China durch die Integration der Schriftzeichen des lokalisierten Markennamens. Diese wird in der Praxis
unterschiedlich umgesetzt: Bei Gillette und Total stehen beide Namen gleichwertig
nebeneinander. Auch Schweppes verwendet auf seinen Dosen beide Fassungen, auf
einer Seite den chinesischen, auf der anderen den lateinischen. Bei head & shoulders steht der chinesische Name als Ergänzung unter dem lateinischen, bei Chiquita, Pedigree, Tempo, Tide oder Colgate ist ebenso der lateinische Name dominant.
Bei Cornetto, Fanta, Kellogg's, Wrigley's und Oreo ist wiederum der chinesische
Name größer, wobei der ursprüngliche Name teils ganz fehlt. Zur Gewährleistung
der internationalen Wiedererkennbarkeit rücken in diesem Fall markenspezifische
Farben, die Verpackungsgestaltung, das Logo und der Font des Schriftzugs stärker
in den Vordergrund (s. Abb. 2.3).

Die Verpackung ist auch Träger von Produktinformationen. Diese sind in China aufgrund der hohen Anzahl an Erstkäufern und der bereits angesprochenen
unterschiedlichen Verwendungsgewohnheiten sehr wichtig. Es empfiehlt sich,
den Inhalt und die Benutzung piktografisch abzubilden oder Verpackungen mit
Sichtfenster einzusetzen. Haribo-Beutel verfügen auch in China über das klassische Sichtfenster, ebenso der Standbodenbeutel von Kinder Schokolade Minis. Vor
allem bei hochpreisigen Sonderverpackungen ist es empfohlen, einen Einblick zu

gewähren. Beispiele sind Avène, Dove, m&m's, Nivea for Men und Quaker Oats. Empfohlen ist auch die Integration eines QR-Codes, stellt er schließlich ein Angebot dar, sich auf Webseiten oder in digitalen sozialen Netzwerken wie WeChat detailliertere Produktinformationen einzuholen.

Informationen in Landessprache bereitzustellen, ist nicht nur bei jedem Markteintritt eine der ersten Hausaufgaben, sondern auch eine kontinuierliche. Zu den relevanten Informationen zählen auch der Neuheitswert, die Geschichte und das Ursprungsland. Bei einer Produkteinführung des Getränkes Minute Maid kamen die Schriftzeichen 新口味 (xin kouwei) zum Einsatz. Sie bedeuten: „neue Geschmacksrichtung". Auf Tuc-Crackern ist ein roter Störer mit dem Schriftzeichen für „neu" – 新 (xin) – zu finden, und Chiquita schreibt auf eines seiner Knabberprodukte „NEW" und auf chinesisch 新上市 (xin shang shi): „Neu im Markt". Auf zahlreichen Produkten ist ein Verweis auf das Alter der Marke zu finden. Dieses wird angesichts der vergleichsweise jungen Geschichte zumindest der VR China als Wettbewerbsvorteil erkannt. „Einhundertjährige Marke" heißt es zum Beispiel bei Kellogg's (百年品牌, bai nian pinpai). Die Integration des Ursprungslandes wird im Detail in Kap. 3.2.2 vorgestellt.

Produktabbildungen „zum Leben zu erwecken" verleiht diesen einen sympathischen Charakter, der bei chinesischen Konsumenten eine positive emotionale Reaktion hervorruft und die Kaufentscheidung beeinflussen kann. Eine Kaugummipackung von Wrigley's wird in einer chinesischen Fernsehwerbung mit Armen und Mikrofon gezeigt und ein Otriven-Nasenspray hat Augen und trägt einen weißen Kittel. Auch die Klebstoffe Pritt und Scotch mutieren auf ihrer Verpackung zu kleinen Männchen und erwecken den Schein von Lebendigkeit. Eine derartige Verspieltheit und Kindlichkeit ist selbst in Bereichen zu finden, wo in westlichen Ländern technokratische Sachlichkeit walten würde, wie auf Verkehrs-, Hinweis- oder Verbotsschildern.

Internationale Konsumentenerhebungen zeigen auf, dass chinesische Verbraucher dazu neigen, mehr Geld für attraktive Verpackungen auszugeben. Auffällige Farb- und Formgestaltung ist erwünscht, denn ansprechend verpackte Produkte eignen sich zum Verschenken. Je nach Wertigkeit drücken sie Respekt, Dank oder Anerkennung aus und dienen der Pflege der gesellschaftlichen Harmonie. Unternehmen reagierten auf diesen kulturellen Aspekt z. T. mit speziellen Geschenkpackungen: Twinings bietet zusätzlich zu den normalen Verpackungen ganzjährig hochwertige Dosen und Utensilien zur Teezubereitung an und Ferrero Rocher eine Hochzeitspackung. Der bedeutendste Anlass ist mit weitem Abstand das chinesische Neujahrsfest.

Die Schutzfunktion muss schließlich den Distributionsverhältnissen und Klimazonen Rechnung tragen, die aufgrund der kontinentalen Ausdehnung des Landes regional und im Jahreslauf teilweise extrem voneinander abweichen: von Trockenheit und Kälte bis zu Feuchtigkeit und Hitze. Leidet die Produktqualität, sind Anpassungen ein Muss. Gleichwohl darf der Preis nicht aus dem Auge verloren werden, um in dem wettbewerbsintensiven chinesischen Umfeld attraktiv zu bleiben. Lipton-Teebeutel befinden sich innerhalb der Kartonumhüllung in einer feuchtigkeitsresistenten Aluminiumhülle und Fisherman's-Friend-Beutel werden in einem zusätzlichen Umkarton angeboten.

2.8 Gefahr: Produktfälschung

Oftmals starten Unternehmen ihr Chinageschäft ohne ausreichenden Markenschutz. In diesem Fall können geistige Eigentumsrechte, wie in anderen Ländern auch, nicht eingeklagt werden. Im Gegenteil ist es für chinesische Fälscher ein Einfaches, analog zu dem Stratagem Nr. 12 aus Sunzis Kriegskunst, „mit leichter Hand das Schaf wegzuführen". Maßnahmen zur Schadensvermeidung sind einzuleiten, bevor Produkte im Land angeboten werden. Der zeitliche Vorlauf bis zur finalen Registrierung ist angemessen anzusetzen. Nach der Ausarbeitung des chinesischen Namens und der Markenanmeldung kann schnell ein Jahr vergehen.

Die lokale Produktpiraterie ist reich an Beispielen und macht keinen Unterschied, ob Rechte zuvor eingetragen wurden oder nicht: Ob Technologie, Medikamente oder der komplette Markenauftritt mit Namen, Logo, Schriftzug, Farbe, Slogan oder Webseite, nachzuahmen ist potenziell alles. Eine Ursache wird unter anderem darin gesehen, dass das westliche Verständnis von „geistigem Eigentum" jahrhundertelang völlig anders interpretiert wurde. Das Kopieren von alten Meistern galt als Ehrerbietung, gleichwohl Konfuzius in seinen „Schulgesprächen" den „Diebstahl geistigen Eigentums" verurteilt: „Wenn man andrer Leute Gutes sich selber zuschreibt, das nennt man Diebstahl."[13]

Die betroffenen Unternehmen haben neben dem Imageschaden mit finanziellen Einbußen zu kämpfen. Wo der Staat scheitert, sind eigenständige Maßnahmen erforderlich: Markenartikler aus dem Konsumgüterbereich gehen gegen Plagiate unter anderem durch Volumenerhöhung und Preissenkung vor. Dieses reduziert nicht nur die Attraktivität des Fälschens, sondern wirbt auch neue Kundenschichten an. Darüber hinaus werden Produkte schnellstmöglich auch im eCommerce angeboten, um mittels der hierdurch erzielten landesweiten Verfügbarkeit keinen Raum, weder geographisch noch zeitlich, für Nachahmer zu lassen. Weiterhin sind

---

[13] Vgl. Wilhelm, 1997, S. 80.

aufklärende Kampagnen beispielsweise im Bereich Sozialer Medien empfohlen. Dieses hat der dänische Kekshersteller Kjeldsens unternommen, um gegen seinen Konkurrenten Danisa aus Xiamen anzugehen. Einige Unternehmen produzieren in China nur Produkte der unteren Preiskategorie, um ihre Technologie und Innovationen zu schützen. Die teureren Modelle werden in den heimischen Märkten hergestellt.

Aktuelle Entwicklungen weisen auf, dass sich China auf dem Weg vom Imitator zum Innovator befindet. Knapp ein Drittel aller weltweit eingereichten Patente entfallen laut Weltorganisation für geistiges Eigentum auf China, ein Fünftel auf die USA.[14] Klagen gegen Diebstahl geistigen Eigentums nehmen zugleich jährlich im zweistelligen Prozentbereich zu. In einem prominenten Fall von Designfälschung gelang es dem Bushersteller MAN 2009, seine Klage gegen den chinesischen Hersteller Zonda nach dreijährigem Verfahren erfolgreich inklusive Strafzahlungen in Höhe von zwei Millionen Euro durchzubringen.[15]

---

[14] Vgl. WIPO Internet.
[15] Vgl. SNB Law Internet.

Effektive Marketing-Kommunikation 3

Die extremen Einkommensunterschiede innerhalb der chinesischen Bevölkerung, Stadt/Land-Diskrepanzen sowie vor allem kulturelle Unterschiede wirken auf die Definition einer Zielgruppe, die Positionierung sowie das Leistungsversprechen und dessen relevante Begründung erschwerend ein. Qualitative Untersuchungen, beispielsweise in Form von Fokusgruppen, bieten sich hier unterstützend an. In diesen lässt sich zugleich feststellen, ob die durch eine Marke oder ein Produkt verkörperten Werte in China akzeptiert werden und eine interkulturelle Übertragung möglich ist.

Werbung ausländischer Firmen, insbesondere zum Zeitpunkt des Markteintrittes, konzentriert sich vornehmlich auf städtische Metropolgebiete, da hier die Distribution der Produkte einfacher zu organisieren ist und diese eine vergleichsweise kaufkräftige Bevölkerung aufweisen. Wird für ein Produkt geworben, ohne dass die Distribution gesichert ist, besteht die Gefahr, zum Erfolg von Substitutionsprodukten und Plagiaten beizutragen.

3.1 Recht und Staatsmoral

Rechtliche Regelungen können die internationale Standardisierung von Kommunikationsaktivitäten limitieren oder verhindern, denn der chinesische Medienmarkt ist stark reguliert. Die Praxis zeigt allerdings auch, dass Auslegung und Genehmigungsprinzipien höchst uneinheitlich sind.

So ist der Gebrauch von Superlativen und Formulierungen wie „state-level", „top-level" oder „the best" untersagt. Jever dagegen verwendet den Spruch „The World's Best from Germany", Mercedes umwirbt seine Produkte mit „The best or nothing", Grey Goose ist der „World's Best tasting Vodka", Pritt Klebstoff „The best ever!" und Gund vertreibt seine Teddybären mit dem Zusatz „The World's

© Springer Fachmedien Wiesbaden 2015
A. Tank, *China-Marketing*, essentials, DOI 10.1007/978-3-658-11032-1_3

most huggable since 1898". Sofern faktisch nachweisbar, passieren Auslobungen wie „World No. 1 Tea" bei Lipton die Zensur.

Auch sind obszöne oder geschlechtsdiskriminierende Werbemaßnahmen unzulässig. Auf einem Poster von Calvin Klein vergnügt sich wiederum ein junges Pärchen im Kornfeld und bei Guess gewährt die Darstellerin tiefe Einblicke in ihr Dekolleté. Freizügig bekleidete Hostessen auf Automessen wurden im Gegensatz dazu untersagt.

Ferner sind Werbungen verboten, die politische Themen aufgreifen, der Staat eine Rolle spielt oder nationale Elemente wie die Staatsflagge oder die Nationalhymne integriert werden. Die offizielle Begründung ist der Schutz der Konsumenten vor Irreführung. Darüber hinaus soll das Gesetz den sozialistischen, kulturellen und ideologischen Entwicklungsprozess Chinas unterstützen und Bedrohungen der sozialen Stabilität abwenden. Analog zur Vision der politischen Führung sollen in der Werbung Vorbildcharaktere gezeigt werden, zum Beispiel durch Darstellung von harmonischen Familien, wohlerzogenen Kindern oder kollektivistischem Verhalten wie das Teilen von Wissen mit der Gemeinschaft. Das Individuum ist immer in Wechselbeziehung mit der Gruppe. Teilt es Hochwertiges, gewinnt es „Gesicht" und Status. Dieses lässt sich als „kollektiver Individualismus" bezeichnen. Vor allem Eltern wünschen sich, dass ihre Kinder Teilen lernen. Sie wachsen schließlich ohne Geschwister, Onkel und Tanten, Cousins und Cousinen auf. Teilen wird folglich als notwendige Investition in soziale Netzwerke angesehen, die für ein erfolgreiches Leben wesentlich sind. Unter anderem die chinesische Zahnpastamarke Zhonghua griff dieses Thema in einer TV-Werbung schon 2004 auf. Auch Teamsport ist ein Werbeelement, das die Brücke schlägt zwischen dem Wunsch der Konsumenten nach Individualität und dem kollektivistischen Erziehungsprinzip des Staates (s. Abb. 3.1).

Die beschriebenen Maßnahmen sind auf das Ti-Yong-Prinzip[1] zurückzuführen. Kulturelle Substanz und ökonomischer Fortschritt durch ausländische Technologie werden danach voneinander getrennt betrachtet. Die chinesische Kultur bildet im Sinne einer Leitkultur die Essenz der chinesischen Gesellschaft („ti"), während Technologie aus dem Ausland lediglich der praktischen Anwendung dient („yong"). Deng Xiaoping prägte in diesem Zusammenhang den Ausdruck der „geistigen Verschmutzung". Shell schreibt 2014 auf seiner Bannerwerbung zum 120. Geburtstag seiner Marktpräsenz in China „服务中国" (fuwu zhongguo): China dienen.

Werden Werbemaßnahmen genehmigt, muss dieses nicht heißen, dass sie in allen Provinzen zugelassen werden. Auch schützen Freigaben nicht vor kulturel-

---

[1] 中学为体, 西学为用, zhongxue wei ti, xixue wei yong.

Abb. 3.1 Betonung der
Familie in einer Allianz-
Werbung. (Vgl. Allianz
China)

len Fettnäpfen. Präzedenzfall ist Toyota: Eine Werbeanzeige, die im November 2003 geschaltet wurde, zeigt, wie zwei Löwen das Modell Prado GX begrüßen und sich verbeugen. Der Löwe ist in China Symbol für Macht, Mut sowie Erhabenheit und gilt als bester Wächter. Doch hatte das nicht die erhoffte Wirkung, sondern weckte bei den Chinesen Erinnerungen an den Beginn des Japanisch-Chinesischen Krieges 1937 auf der Marco-Polo-Brücke in Peking, die mit 485 Löwenfiguren gesäumt ist. Chinesische Konsumenten empfanden die Werbung, in Kombination mit dem Namen „霸道" (badao) – „beherrschend" – und dem Slogan „You have to respect Badao" als Ausdruck japanischer Vorherrschaft und Höherwertigkeit. Toyota entschuldigte sich und übte Selbstzensur. Die interkulturelle Inkompetenz der Kreativagentur beschädigte das Ansehen des Unternehmens.

3.2 Die richtige Zielgruppenansprache

3.2.1 Wahl der Anspracherichtung

Unter den genannten Rahmenbedingungen gilt es bei der operativen Umsetzung zu bestimmen, in welcher Art Inhalte und Botschaften übermittelt werden sollen: ob eher ernst oder humorvoll, rational oder emotional, direkt oder indirekt, mit wissenschaftlichem Anstrich oder auf gesundem Menschenverstand aufbauend oder ob ein nationales, internationales oder nationalistisches Image vorteilhaft ist.

Während bei Inhalten mit humoristischem Akzent die Gefahr von potenziellen Missverständnissen hoch ist, ist vor allem eine emotionale Ansprache beliebt, bei der Themen wie Familie, Individualität und Selbstverwirklichung überwiegen. Diese wird gegenüber der in der Mao-Zeit üblichen ernsten und rationalen vorgezogen. Im Grunde bedeutet dieses eine Renaissance, denn während des chinesischen Kaiserreichs setzten Werbeanzeigen im Konsumgüterbereich gleichfalls auf emotionale Elemente, wie Anzeigen von Nivea belegen: Die Darstellung einer chinesischen Frau im Badeanzug war im Shanghai der 30er-Jahre en vogue, in der späteren Volksrepublik verboten.

Werbung soll nicht nur die Bekanntheit steigern, Bedürfnisse wecken und eine Identifikation der Zielgruppe mit dem Produkt aufbauen, sondern verstärkt darauf abzielen, dass eine Kaufhandlung folgt. Es ist zu beobachten, dass in den Jahren vor 1949 wie in der heutigen Werbung direkte Elemente keine Seltenheit sind. Diese drücken sich zum Beispiel in der Form von Kaufaufforderungen aus. Bei dem Einsatz direkter und indirekter Elemente muss prinzipiell das Gesichtsprinzip berücksichtigt werden. Der Einsatz sonnengebräunter Menschen würde mit Beschämung aufgenommen: Diese wecken Assoziationen mit Landarbeit und fördern nicht das Gesicht eines kaufkräftigen städtischen Konsumenten. Chinesinnen und Chinesen benutzen nicht nur aufhellende Kosmetikprodukte, sondern im Sommer auch Schirme, um Bräunung durch Sonneneinstrahlung zu vermeiden. Eine moderne Wohnungseinrichtung oder Kinder mit ausländischen Freunden haben in der Werbung hingegen ein größeres Potenzial, mittelständischen Kunden „Gesicht zu geben". Wohlstand und Luxus sind Elemente, die der Individualität nahestehen. Sie unterstützen den Käufer dabei, aus der Anonymität der Masse herauszustechen.

Die pseudo- bzw. wissenschaftliche Ansprache findet in China keinen fruchtbaren Boden, lautete die herrschende Meinung für lange Zeit. Gegenwärtig ist in der Gesellschaft jedoch eine Rückbesinnung auf das klassische, konfuzianische Bildungsideal unverkennbar. Die Werbung macht sich dieses zunutze. So gibt es kaum ein Zahnpastamarke, die nicht mit einem Arzt in weißem Kittel auf sich aufmerksam macht. Die französische Hautpflegemarke Vichy hat wiederum die Kartoonfigur Frau Dr. Vichy ins Leben gerufen, die den chinesischen Konsumenten die Produktvorteile erklärt.

Die in der Testimonial-Werbung gezeigten Anwender müssen Vorbildfunktion übernehmen, sei es aus gesetzlichen Gründen oder aufgrund kultureller Konventionen. Ob bekannte Persönlichkeiten oder Werbeschauspieler, laut aktueller Gesetzeseingabe ist es darüber hinaus notwendig, dass diese als Anwender glaubwürdig sind. Ein negatives Beispiel ist der taiwanesische Sänger Jiro Wang, der als Mann für die Frauenbindenmarke Freemore Werbung machte.

Die Ansprache mit nationalistischem, internationalem oder nationalem Bezug hat für ausländische Marktakteure eine besonders große Bedeutung. Zur Sommerolympiade 2012 in London brachte Nike Sportbekleidung in Anlehnung an die chinesische Nationalfarbe heraus: China-Rot mit dem Schriftzug „CHINA" in Gold. Eine Anzeige von Tupperware weckte indessen Erinnerungen an Propagandaposter und die 1934 ins Leben gerufene Bewegung „Neues Leben": In revolutionärer Pose strebt eine mit Tupperware ausgestattete Ein-Kind-Familie der Sonne einer gesünderen Zukunft entgegen. Ein Beispiel für die internationale Ansprache ist Mido: Auf unterschiedlichen Plakaten dieses Schweizer Uhrenherstellers sind bekannte Bauwerke aus aller Welt zu sehen wie der Eiffelturm oder die Hafenbrücke von Sydney. Die Verwendung des Ursprungslands im Rahmen der nationalen Anspracherichtung wird im Folgenden vorgestellt.

3.2.2   Nutzung des Ursprungslandeffektes

Der Ursprungslandeffekt wird eingesetzt, wenn nationale Elemente des Ursprungslandes in der Werbung des Ziellandes ein positives Image hervorrufen. Französische Produkte wie Modeartikel, Wein oder Parfüm stehen in China für Luxus und Romantik. Amerikanische Erzeugnisse vermitteln Freiheit, Lebensgefühl oder Individualität. Chinesen bewundern an deutschen Produkten schließlich Qualität, Zuverlässigkeit und Solidität.

Silit entwarf Kochtöpfe in Schwarz-Rot-Gold für die Produktauslage (s. Abb. 3.2). Brita wirbt mit „Imported from Germany", Sanosan mit „Made in Germany" und Kartell mit „Made in Milano". Während Hollister seine Herkunft durch Großbildschirme mit Lifeschaltung zu kalifornischen Stränden zum Ausdruck bringt, schreibt Old Navy „San Francisco – California" über die Eingänge seiner Geschäfte.

Gerade bei Lebensmitteln ist aufgrund der zahlreichen lokalen Skandale die ausländische Herkunft von besonderer Bedeutung. Auf Milch-Kaubonbons von

Abb. 3.2 Silit-Kochtopf in Schwarz-Rot-Gold

Alpenliebe wird dem Kunden mit einem Siegel versichert, dass die Milch aus importierten Quellen stammt. Bei Lindt ist die Herkunft aus der Schweiz (瑞士, ruishi) Teil des Markennamens (瑞士莲, ruishi lian). Rivella ist der „Swiss National Drink" (瑞士国饮, ruishi guoyin) und König Pilsener ein „Product of Germany". Barilla hat auf seinen Pastasaucen ein Siegel angebracht, das neben „Taste of Italy" und einer angedeuteten Flagge die Herkunft und den Importcharakter unterstreicht. Twinings wiederum wirbt neben „Twinings of London" und „Finest British Tea" damit, die Königsfamilie zu seinen Kunden zählen zu dürfen.[2]

Eine positive Resonanz haben westliche Logos auch in der Bildschirmwerbung. Werden sie gleich zu Beginn eingeblendet, wird die Anzeige von chinesischen Konsumenten wie durch eine ausländische Brille wahrgenommen und beurteilt. Wie ein Leuchtturm bietet der Einsatz dieses Instrumentes Orientierung in der täglichen Unübersichtlichkeit und Flut neuer und fremder Produkte. Um sicherzustellen, dass sich Werbebotschaften innerhalb dieses schnelllebigen Umfelds festigen, werden Anzeigen innerhalb eines Blocks zum Teil wiederholt, wenn nicht zweimal direkt hintereinander gezeigt.

3.2.3　Einsatz von Werbedarstellern

Im Rahmen der nationalen oder internationalen Anspracherichtung muss die Entscheidung getroffen werden, welche Merkmale die in der Werbung auftretenden Darsteller aufweisen sollen. Der Einsatz von ausländischen Darstellern ist sinnvoll, wenn der Ursprungslandeffekt oder die Internationalität betont werden soll. Ausländische Darsteller würden dagegen in Werbeanzeigen für lokalisierte Produkte wenig Sinn machen, da diese Produkte in den Heimatländern nicht existieren. In der Praxis sind alle Kombinationen vorzufinden: Sowohl ausländische als auch chinesische Unternehmen werben mit ausländischen und chinesischen Darstellern. Lokale Darsteller kommen unter anderem bei den Marken Buick, Crest, H&M, Kodak, Pantene oder Uniqlo zum Einsatz. In Kampagnen von Lufthansa sind lokale und ausländische Darsteller zu sehen. Models aus allen Erdteilen sorgten schließlich bei der Eröffnung des Abercrombie & Fitch-Ladens in Shanghai für Stimmung.

Darüber hinaus werben Unternehmen in zunehmendem Maße mit nationalen und internationalen Persönlichkeiten. David Beckham warb für Adidas, Lin Dan für Coca-Cola, Roger Federer für Gillette, Messi für Pepsi und Jeremy Lin für Volvo. Neben dem sportlichen Bereich sind auch Sänger und Künstler beliebt. Li

---

[2] 皇家御用茶, huangjia yuyong cha.

Yundi ist Botschafter für Bang & Olufsen, Rihanna ist bei Budweiser unter Vertrag und Justin Bieber bei Calvin Klein. Lang Lang ist als Markenbotschafter für Steinway aktiv und Wang Lee Hom ist das Gesicht von Wahaha. Aus der Riege der Schauspieler sind unter anderem Andy Lau für Audi, Jacky Chan für Samsung und Nicole Kidman für Omega präsent. Zahlreiche Stars stehen bei mehreren Firmen unter Vertrag. Der koreanische Schauspieler Kim Soo-hyun wirbt unter anderem für Coca-Cola, Häagen-Dazs und Hyundai.

3.3   Zur Wahl visueller Gestaltungselemente

Auch die visuellen Gestaltungselemente können nur dann verstanden werden, wenn die kulturellen Konventionen der Zeichennutzung bekannt sind. Die chinesische Gesellschaft ist stark symbolorientiert. Diese Reichhaltigkeit eignet sich zur Integration in Kommunikationsmaßnahmen sowohl von Konsum- als auch Industriegütern. Gleichwohl muss der geschichtliche und ethnologische Kontext überprüft werden, um versteckte Zwei- und Mehrdeutigkeiten zu erkennen und zu vermeiden. Der Sinologe Oskar Weggel teilt die Symbolwelt in fünf Bereiche ein: das Reich der Farben, das im Bereich der Produktgestaltung analysiert worden ist, das Reich der Tiere, der Pflanzen, der Zahlen und des menschlichen Zusammenlebens.

3.3.1   Tiere

Hohen Symbolwert haben die zwölf Tiere des zyklischen Tierkreises: Ratte, Büffel, Tiger, Hase, Drache, Schlange, Pferd, Schaf, Affe, Hahn, Hund und Schwein. In dem jeweiligen Jahr werden sie von aktiven Unternehmen in unterschiedlichster Form genutzt: IKEA brachte Hasen-Fußmatten und Hausschuhe heraus, BMW warb im Pferdejahr für seine „Horse Edition", Parker offerierte limitierte Drachen-Schreibutensilien, Hansgrohe hatte eine Drachendusche im Angebot, Tumi verkaufte im Schafjahr eine Koffersonderedition und Baskin Robbins brachte im Affenjahr ein Eis in der Geschmacksrichtung „Lucky Monkey Flavor of the Month" heraus. Ausländische Unternehmen wie BASF nutzten die positive Wirkung des Tierkreiszeichens schon vor über einhundert Jahren. Viele weitere Tiere sind bedeutungsvoll und werden unter anderem auf Karten von Hallmark verwendet. Fische stehen für Überfluss, Kraniche für ein langes Leben, Fledermäuse und Phönixe für Glück (s. Abb. 3.3).

Die Tiere sind auch Bestandteil von Redewendungen. Maxwell House verwendete im Schafjahr den Spruch 三羊开泰 (san yang kai tai). An dieser Stelle sei eine Exkursion zurück zum bereits genannten „Buch der Wandlungen" erlaubt, um

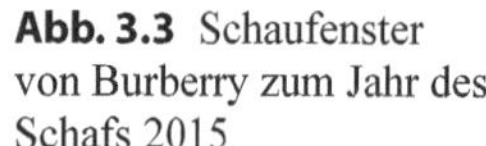

Abb. 3.3 Schaufenster von Burberry zum Jahr des Schafs 2015

die Tiefe und historische Vielschichtigkeit kultureller Hintergründe zu beleuchten. Gerade diese Feinfühligkeit ist einer der wesentlichen Chinakompetenzfaktoren, die über Erfolg und Misserfolg entscheiden. Der Spruch heißt ursprünglich 三阳开泰 (san yang kai tai) und bedeutet frei: „Wenn die Sonne den Winter vertreibt, folgt Gutes." Die Schriftzeichen für Sonne (阳, yang) und Schaf (羊, yang), deren Aussprache gleich klingt, wurden ausgetauscht. Dieses resultiert in „Drei Schafe bringen Gutes".

Das Buch der Wandlungen bildet den geschichtlichen Hintergrund für diese Redewendung. Yin-Linien (– –) und Yang-Linien (—) bilden 64 (2^6) Hexagramme, die nicht nur das Schicksal bestimmen, sondern ebenso mit klimatischen Veränderungen und den vier Jahreszeiten korrespondieren. Der zehnte Mond eines in zwölf Monde eingeteilten Jahres ist dem Schriftwerk zufolge pures Yin (sechs Yin-Linien). Yin steht hier für kaltes Wetter. Die beiden Urkräfte stehen in einem System von Wechselwirkungen und tendieren zum Ausgleich. Die unterste der sechs Linien ist im elften Monat eine Yang-Linie; die zwei untersten sind es im zwölften Monat. Der erste Mond mit drei Yin-Linien oben und drei Yang-Linien (三阳, san yang) unten folgt darauf (s. Abb. 3.4). Yin ist zu diesem Zeitpunkt im Abstieg und Yang im Aufstieg begriffen. Der Winter wechselt zum Frühling, die Erde erwacht und neues Leben sprießt. Beide Kräfte sind zudem im Ausgleich, was Harmonie und Frieden bedeutet. Die genannte Redewendung wurde aus diesen Gründen zum beliebten Neujahrsgruß im Jahr des Schafs.

3.3.2 Pflanzen

Pflanzen haben durch die jahrtausendealte Tradition der chinesischen Medizin einen anderen Stellenwert als in westlichen Ländern. Die Vieldeutigkeit der

Hexagramm				
Name/ Nummer	kun (坤), 2, das Empfangende	fu (復), 24, die Wiederkehr	lin (臨), 19, die Annäherung	tai (泰), 11, der Friede

Abb. 3.4 Kulturelle Hintergründe eines Neujahrsgrußes

chinesischen Silbensprache führt wiederum dazu, dass bestimmte Pflanzenkombinationen einem Bilderrätsel ähneln, das versteckte Botschaften enthält. Ein bekanntes kommt in dem 1610 erschienenen Sittenroman und Klassiker „Jin Ping Mei" vor. Dies wird mit „Pflaumenblüten in goldener Vase" übersetzt, die versteckte Unterbedeutung aber lautet: „schöne Frauen in reichem Haushalt."[3] Bambus (竹, zhu) ähnelt dem Ausdruck für „wünschen" (祝, zhu) und steht für Glück, Treue und Beständigkeit. Er verkörpert eine ethische und erstrebenswerte Lebenshaltung, denn obschon seiner Anpassungsfähigkeit an komplizierte Umweltbedingungen verliert er niemals sein Selbst. Je stärker er niedergebeugt wird, desto energischer und kraftvoller schnellt er in seine Grundhaltung zurück.

Ein besonderes Obst ist der Pfirsich. In dem Roman „Reise nach Westen" (16. Jh.) stahl der Affe Sun Wukong diese Frucht im Garten der Göttin Xi Wangmu. Der Wohnsitz der Göttin soll auf dem Berg des westlichen Paradieses Kunlun liegen, wo sich der legendäre Pfirsichgarten am Jadesee befindet. Die Bäume blühen nur alle 3.000 Jahre. Alle Unsterblichen kommen zur Feier des Anlasses zusammen. Der Gott der Langlebigkeit, der auf einer weißen Hirschkuh, dem Überfluss, angeritten kommt und auf einem pfirsichförmigen Schalensessel Platz nimmt, ist einer von diesen. Für ein langes Leben sind beide Urkräfte notwendig: Pfirsiche sind Weiblichkeitssymbole (Yin) und der Gott der Langlebigkeit ist männlich (Yang). Auch in dem Klassiker „Traum der Roten Kammer" (Mitte 18. Jh.) wird der Pfirsich als Synonym für „Frau" verwendet. Modernen Auslegungen nach deutet der Kern in dieser Frucht auf die Ein-Kind-Familie.

---

[3] Vgl. Kuhn, 1977, S. 904.

3.3.3 Zahlen

Im „Reich der Zahlen" steht die Eins für Fortschritt, denn „eins" (一, yi) klingt ähnlich wie „bewegen, verändern" (移, yi). Aber auch autoritäre Herrschaft oder Einsamkeit werden mit dieser Zahl assoziiert.

Die Zahl Zwei (二, er) drückt Einheit und Gemeinsamkeit aus. Es heißt in China, dass Freude paarweise auftritt. „Doppelte Freude" (双喜, shuangxi oder 喜喜, xixi) ist nicht nur eine beliebte chinesische Zigarettenmarke, sondern eine Zeichenkombination, die besonders bei Hochzeiten verwendet wird.

Die Zahl Drei (三, san) erfährt im Daoismus eine exponierte Stellung. Im Hauptwerk Daodejing (道德经, 6. Jh. v. Chr.) heißt es: „The Dao of the universe created one, one produced two and two made three. Three produced everything in the universe."[4]

Die Vier ist eine negative Zahl. Sie gilt als Unglückszahl, denn „vier" (四, si) klingt ähnlich wie „sterben" (死, si). Die Vier ist zu vermeiden, wenn Preise in der Werbung genannt oder Nummern vergeben werden. Die Zahlenkombination 2 und 4 würde „doppelter Tod" heißen. 7 und 4 bedeutet „sicherer Tod". 1 und 3 ist ebenfalls negativ, da die Quersumme 4 ergibt.

Die Fünf (五, wu) hat eine bessere Aura. Sie taucht in bedeutendem, historischem Kontext erstmals in der Skizze vom „Brunnenfeld"-System auf. Dieses ist eine Anordnung aus neun Feldern, die dergestalt beziffert sind, dass die Zahlen, ob waagerecht, senkrecht oder diagonal addiert, immer die Summe 15 ergeben. Die Zahl Fünf steht im Zentrum und gilt als Metapher der Macht: Der Herrscher bewohnt den Platz in der Mitte und ist von acht Vasallenfeldern umgeben. Das traditionelle chinesische Leben unterstand dem Korrelationsdiktat von Fünferordnungen, wie die aufgeführten Fünf Elemente (五行, wu xing), fünf konfuzianische Beziehungen (五伦, wu lun) oder fünf Himmelsrichtungen (N, O, S, W und Mitte).

Die Sechs (六, liu) wird als die Zahl des problemlosen, zügigen Fortschreitens gesehen, denn sie klingt ähnlich wie „fließen, laufen" (流, liu).

Der Zahl Sieben (七, qi) wird ebenfalls Positives nachgesagt, denn sie erinnert an „Aufstieg" (起, qi; aufstehen, aufrichten). Der Kontext muss dennoch geprüft werden, wie das Beispiel des Getränks 7 Up gezeigt hat.

Die Acht (八, ba) ist eine positive Ziffer, weil sie mit „reich werden" (发财, facai) in Verbindung gebracht wird. Der Wohlklang der Acht überträgt sich auf unzählige Bereiche des Lebens wie Telefonnummern, Autokennzeichen – 8888 bei dem Rolls-Royce des Pekinger Peninsula-Hotels – oder Produktpreise. Zum Valentinstag gab es Lindor-Kugeln für 88 RMB, Geschenkboxen von Twinings

---

[4] Zitiert wie Li, 1997, S. VI.

Abb. 3.5 88 RMB für
Lindor-Geschenkpackungen
von Lindt

und Kneipp liegen bei 588 und 688 RMB (s. Abb. 3.5). Die limitierte Jubiläumsausgabe Premier Voyage von Martell Cognac ist in Hong Kong für 99.888 HKD erhältlich, eine Sondergröße von Ariel wiederum enthielt 288 g mehr als der reguläre Waschmittelbeutel.

Die Neun (九, jiu) ist nicht nur das Dreifache der Zahl Drei, sondern auch gleichklingend mit „langfristig" (久, jiu). Die Kombination 999 steht für „Unendlichkeit" und „langes Leben". Einer der größten chinesischen Pharmakonzerne heißt 999. Generell steht die Zahl Neun für eine große Anzahl. Omo wirbt auf seinen Verpackungen, dass das Produkt 99 Arten von Flecken beseitigt[5].

Die Zehn (十, shi) wird wie die Fünf benutzt, um Perfektion auszudrücken. „Shiquan shimei" (十全十美) ist ein Ausdruck für „höchste Vollkommenheit". China Mobile verwendet diesen, um das iPhone 6 zu umwerben. Die Zehn ist auch im negativen Sinn mit dem Superlativ belegt. Die Redewendung „schreckliche Verbrechen begangen haben und keine Gnade verdienen" lautet „shi e bu she" (十恶不赦).

3.3.4   Bauwerke und Gegenstände

In das „Reich des menschlichen Zusammenlebens" fallen Städte, Bauwerke, Landschaften oder besondere kulturelle Elemente, sogenannte „things Chinese", die in Werbeanzeigen oder auf Produkten integriert werden und die Wahrnehmung der Marke beeinflussen.

---

[5] 去除99种污渍, quchu 99 zhong wuzi.

Pekinger Weltkulturerbestätten wie die Große Mauer, die Kaiserpaläste oder der Himmelstempel stehen als Symbol für die jahrtausendealte chinesische Geschichte und kündigen von der Erhabenheit und dem Stolz der Kultur. Mido hat die Große Mauer in seine Werbung aufgenommen, und auf einer Pretz-Verpackung ist der Himmelstempel abgebildet. Shanghai ist demgegenüber ein Symbol für das neue China und die Zukunft. Wrigley's umwarb seine Marke Doublemint im Fernsehen einst vor der Shanghaier Hochhauskulisse, auch die Deutsche Bank hat diese in Werbebanner integriert.

Auch nichtchinesische Orte kommen in der Werbung vor, nicht zuletzt zur Förderung des Ursprungslandeffektes. Beispiele sind der Dom von Mailand in einer Anzeige von Kartell, der Pariser Place Vendôme oder der Eiffelturm bei Cartier, L'Occitane und Bally verwenden Bilder von Lavendelfeldern und pittoresken provenzalischen Landschaften, Rivella und Toblerone nutzen als Gestaltungselement die Alpen. Langnese zeigt auf seinen Geschenkverpackungen kolorierte Naturlandschaften mit sattgrünen Blumenwiesen, die die Natürlichkeit des Produktes unterstreichen sollen.

Als besondere Gegenstände mit kulturellem Hintergrund, die klassisch in Werbemaßnahmen verwendet werden, sind chinesische Münzen, China-Knoten, Spruchbänder, Siegel, Lampions oder Feuerwerkskörper zu nennen. Krispy Kreme und Turkish Airlines nutzen rote Lampions in ihrer Neujahrsfestkommunikation. Diese werden zu Feiertagen als Glücksbringer aufgehängt. Gleiches tat Pringles, wobei die Laternen die Form von Tomaten hatten, um die Geschmacksrichtung zu visualisieren. Estée Lauder visualisierte die vier Schriftzeichen seines lokalen Markennamens 雅诗兰黛 (ya shi lan dai) schließlich in Form eines chinesischen Siegels.

3.4 Kulturelle Feste und besondere Anlässe

Bereits beim Thema Verpackungsgestaltung und der Analyse der visuellen Gestaltungselemente ist deutlich geworden, wie ausländische Unternehmen saisonale Höhepunkte wie das chinesische Neujahrsfest zur Umsatzsteigerung nutzen. Auch zu Weihnachten und dem westlichen und chinesischen Valentinstag kommen spezielle Verpackungen in den Handel.

Zum Valentinstag am 14. Februar bot Dove eine rosafarbene, herzförmige Dose an. Auf dem Umkarton, der zusätzlich einen Plüschbären enthielt, stand „Do you love me? Yes I Dove". Auch durex vertrieb eine Sonderverpackung mit der vieldeutigen Auslobung „带爱 爱回家" (dai ai ai huijia), die alles von „Liebe bringen", „nach Hause gehen wollen" bis hin zu „Sex" heißen kann. In der chinesischen Kultur ist ein derartiger Feiertag nicht unbekannt. Das Äquivalent fällt nach dem Mondkalender auf den siebten Tag im siebten Mond. Um dieses Datum webt sich eine Legende aus der Jin-Dynastie (265–420 n. Chr.), die Geschichte des Waisenkindes Niu Lang und der jüngsten Tochter der Himmelskönigin, Zhi Nü, deren Herzen zueinander fanden, deren Liebe jedoch nicht die Zustimmung der Himmelskönigin fand. Nur einmal im Jahr, am besagten Tag, dürfen die beiden Liebenden über dem Silberfluss (= Milchstraße) zueinander finden.

Weihnachten wird nicht als christlicher Feiertag mit traditionellem Kirchgang gefeiert, sondern dient als allgemeiner Grund zum Feiern, Schenken und Ausgehen. Nicht nur ausländische, sondern auch chinesische Unternehmen bieten spezielle Weihnachtspackungen und Süßigkeiten an. Longines und Swarovski stellten glitzernde Bäume an belebten Einkaufsorten auf. Die mangelnde kulturelle Verankerung zeigt sich besonders nach dem Fest, wenn Dosen von Wrigley's noch im Februar mit Santa-Mütze im Regal stehen, und vor allem an der kulturellen Hybridbildung bis zum chinesischen Neujahrsfest. Dann werden zuvor grüne Bäume in Rot lackiert und mit chinesischen Lampions dekoriert. Auch eine Geschenkpackung von Nescafé vereint beide Feiern: Sie zeigt einen Weihnachtsmann mit dem Spruch „Merry Coffee-mas" und ein Pferd, neben dem in Anlehnung an einen beliebten Neujahrsgruß[6] „Coffee Fa Cai" steht.

Zahlreiche besondere Anlässe bieten sich für Werbezwecke an, ob Produkteinführungen, aktuelle Großereignisse, Sportveranstaltungen oder Firmenjubiläen. Beispiele für Jubiläumskampagnen sind Martell 2015 zu seinem 300-jährigem Bestehen oder Shanghai Volkswagen 2014 zu seinem 30sten. Nivea veranstaltete anlässlich seines hundertsten Geburtstags 2012 ein Gewinnspiel, dessen Hauptpreis eine Reise nach Deutschland war. Zur Fußball-WM 2014 in Brasilien gab es zahlreiche Sonderangebote wie gelb-grüne Victorinox-Rucksäcke, Crocs-Schuhe in Flaggendesign oder ein Adidas-Originals-T-Shirt mit Brasilienkarte. Ein effektiver Vorteil lässt sich erzielen, wenn die Kombination von mehreren besonderen Anlässen gelingt: Lipton nutzte die weltweite Berichterstattung im November 2014 anlässlich des 40. Geburtstags von Hello Kitty (s. Abb. 3.6). Der amerikanische Konzern bot als Kaufzugaben im Regal nicht nur besondere Teebecher mit Motiven der beliebten Katze an, zum Tag der Doppelelf am 11.11., Chinas umsatzstärkste vierundzwanzig Stunden des ganzen Jahres im Onlinehandel, fand im Lipton-Markenshop auf der Plattform Tmall eine Sonderverlosung mit 1.000 Geschenken statt.

---

[6] Gongxi facai, 恭喜发财. Reichtum wünschen.

Abb. 3.6 Gewinnspiel und
Kaufzugaben am Beispiel
Lipton

3.5   Der Media-Mix

3.5.1   Der chinesische Werbemarkt

Mit ca. 73 Mrd. USD in 2015 ist China nach den USA (189 Mrd. USD) der weltweit zweitgrößte Werbemarkt. Je nach Quelle liegt das Wachstum im hohen einstelligen bis niedrigen zweistelligen Bereich, gleichwohl weit mehr als doppelt so
hoch wie in den USA, wo der Markt 2014 um weniger als 4 % wuchs.[7]

Das Internet ist der größte Treiber mit 37 % Wachstum. China hat die größte Internetbevölkerung weltweit mit über 649 Mio. Nutzern, und das Potenzial
ist bei einer aktuellen landesweiten Penetrationsrate von 47,9 % noch weit hinter
der in den USA mit 74,4 %[8]. Mit 30 Mrd. USD liegt der Wert der digitalen Werbung so hoch wie im gesamten Asien-Pazifik-Raum zusammen und nimmt einen
Anteil von 42 % ein (USA 31 %). Während TV 2011 noch mit 50 % dominierte
und digitale Werbung bei 14 % lag, hat es eine rasante Entwicklung zugunsten der
modernen Technologien gegeben, die 2014/2015 TV-Werbung erstmals überholt
haben. Ein Vergleich, der diese Umwerfung manifestiert: Die Werbeeinnahmen
der Suchmaschine Baidu liegen bei 5,2 Mrd. USD, bei den letztjährigen Auktionen
um Werbekontingente auf den Kanälen des Senders CCTV wurden laut Schätzun-
gen dagegen lediglich 2,6 Mrd. USD eingenommen.[9] Im digitalen Bereich sind
neben diesem Anbieter Innovationen im eCommerce treibend, vor allem bei Aliba-
ba (Taobao, Tmall etc.) und JD.com. China ist der größte eCommerce-Markt der
Welt. Anzeigenschaltungen sollen hier nicht nur die Bekanntheit steigern, sondern
Konsumenten direkt zu den Markenplattformen leiten, um Einkäufe zu tätigen.

---

[7] Vgl. Magna Global Internet.

[8] Vgl. Reuters II Internet.

[9] Vgl. Bloomberg Internet.

Schließlich sind Video-Streaming-Kanäle populär. Premiuminhalte sind hier stets werbeunterstützt, sofern kein kostenpflichtiges Abonnement abgeschlossen wurde. Die führenden zehn Kosmetikmarken umwarben ihre Produkte mehrheitlich auf diesem Medium, noch vor Internetportalen und Modewebseiten.[10] Alles in allem dürfen die starken Verschiebungen in der Budgetallokation nicht darüber hinweg-täuschen, dass TV weiterhin in den Punkten Reichweite und Einfluss punktet.[11]

China ist eine Pioniergesellschaft im Bereich digitale Mobilität. Laut Statistischem Jahrbuch 2013 kamen auf 100 städtische Haushalte 212 Mobiltelefone, selbst bei ländlichen Haushalten waren es beinahe 198.[12] In dem weltgrößten Smartphonemarkt nutzen 557 Mio. Menschen ihr Mobiltelefon, um ins Internet zu gehen, seit 2014 erstmals mehr als über den PC oder Laptop. Smartphones entwickeln sich zum „ersten Bildschirm". Mit dem Handy lassen sich unzählige Bereiche des täglichen Lebens organisieren, wie Rechnungen begleichen, Flüge buchen, Taxis reservieren, Preise vergleichen und natürlich online Einkäufe tätigen. Mobile Werbung, auch über Coupon-Aktionen, fördert wiederum Onlineproduktkäufe. Der Werbeanteil liegt mit 12 Mrd. USD bei gut 16 %. Allein von 2013 auf 2014 betrug der Anstieg 600 %.[13]

Die chinesische Mittelklasse ist digital aktiv und in sozialen Medienapps wie WeChat vernetzt. WeChat zählt 468 Mio. aktive Nutzer. Zahlreiche Unternehmen haben hier ebenso Profile, und Fans können mit ihren bevorzugten Marken vernetzt sein, wenn sie diese zu ihrem Netzwerk hinzufügen (s. Abb. 3.7). Ob Produktinformationen oder Gewinnspiele, hier gilt durch Schaffen eines zusätzlichen Anreizes, sich das anhaltende Interesse und die Loyalität seiner Fangemeinde zu verdienen. Gemeinsam mit WeChat schuf Oreo eine App, in der Eltern mit ihren Kindern Fotos machen und diese in spielerische Emoticons zum Teilen in ihrem sozialen Netzwerk umwandeln konnten. Bei Burberry konnten Fans ihre Initialen eingeben, und das Bild einer Parfümflasche mit einem personalisierten Monogramm erschien. Dieses wurde gekoppelt mit Hinweisen, auf welchem Wege diese zu erwerben ist. QR-Codes für WeChat-Profile sind allerorts zu sehen, ob in Schaufenstern oder im Kassenbereich. Für das Scannen und Folgen werden Kunden teils mit Sofortgeschenken wie Schlüsselanhängern belohnt.

Der Markt entfernt sich vom TV-Bildschirm in Richtung Multibildschirmnutzung, nicht nur Mobiltelefon und Laptop, sondern auch in Aufzügen, Bussen, Taxis, U-Bahnen, Kinos – China ist mittlerweile der zweitgrößte Kinomarkt welt-

---

[10] Vgl. China Internet Watch Internet.

[11] Vgl. Group M Internet.

[12] Vgl. Statistisches Jahrbuch 2013 Internet.

[13] Vgl. eMarketer Internet.

Abb. 3.7 Auch der Haribo-Goldbär ist auf WeChat mit seinen chinesischen Fans vernetzt

weit[14] – oder an Haltestellen des öffentlichen Nahverkehrs. Werbeflächen werden hier kontinuierlich digitalisiert. Omo entwickelte ein Spiel für Taxifahrgäste. Auf Bildschirmen, die in den Kopfstützen der Vordersitze eingebaut sind, konnten sie sich die Zeit vertreiben, indem sie innerhalb von 10 s möglichst viele bunte Flecken von einem weißen Hemd beseitigen mussten.

Außenwerbung wird in vielen Varianten eingesetzt, ob in Form von Großflächenplakaten, Schaufensterdekorationen, Leuchtelementen an Fassaden oder Verkehrsmittelwerbung. Hier drängen sich förmlich Eindrücke von Shanghais Hochhausfassaden in Pudong auf mit ihrem täglichen Spektakel an leuchtenden Werbeprojektionen, oder Fußgängerzonen wie die Nanjing-Straße. Vor allem Fahrzeuge, Kosmetikmarken, Luxusuhren, Modeartikel, Mobiltelefone, Konsumgüter oder Wohnungseinrichtungen werden derart umworben.

Printmedien befinden sich unter anderem durch das veränderte Mediennutzungsverhalten und daraus resultierenden Umverteilungen von Werbebudgets im Abwärtstrend. China bleibt gleichwohl der größte Zeitungsmarkt der Welt mit durchschnittlich 130 Mio. abgesetzten Zeitungen pro Tag. Auf ein Jahr gerech-

---

[14] Vgl. The Economist Internet.

net ist dieses ein Fünftel aller Zeitungen weltweit. Die 582 Verlage sind staatlich kontrolliert, 2013 wurden 444.000 Bücher publiziert, 9.877 Magazine und 1.918 Zeitungstitel herausgebracht.[15]

Radio, wenngleich anteilsmäßig im einstelligen Bereich, behält seine Relevanz vor allem aufgrund der zunehmenden Mobilisierung der Bevölkerung. Verkehrskanäle werden häufiger frequentiert als Musikkanäle. Zu den umworbenen Produkten zählen vor allem Immobilien, Dienstleistungen und Fahrzeuge.

3.5.2   Messen und Ausstellungen

Messen und Ausstellungen ermöglichen nicht nur, Produkte vorzuführen und interessierten Kunden Gelegenheit zum Kennenlernen und Testen zu geben, sondern durch das persönliche Auftreten von Unternehmensvertretern auch, Geschäftskontakte aufzunehmen bzw. etablierte Verbindungen zu intensivieren. Dieses Networking muss zeitenübergreifend für Interaktionen auf dem chinesischen Markt als fundamental angesehen werden: Nur Beziehungen (chinesisch: Guanxi) kommen gegen das bürokratische Dickicht von Regularien, Lizenzen und Genehmigungen an. Das mangelnde Vertrauen in Institutionen, die der Staat für sämtliche Arten von Transaktionen unterhält, hat dazu geführt, dass ein anderes auf Vertrauen aufbauendes System gefunden werden musste. Persönliche Kontakte kompensieren in China in gewisser Weise diese fehlenden Marktstrukturen und sind eine höchst relevante Erfolgskomponente.

Mit der Marktöffnung Anfang der Achtziger wurde die Messeindustrie wieder zum Leben erweckt, zahlreiche neue Gelände und Hallen wurden landesweit erschlossen, wobei Marktakteure heutzutage die Unübersichtlichkeit des vielfältigen Angebotes beklagen. Auch deutsche Messeunternehmen haben einige ihrer Konzepte erfolgreich ausgerollt. Viele Messen, u. a. im Automobilsektor, zählen mittlerweile zu den weltweit führenden. Kleinere Veranstaltungen werden zum Teil von Hyper- und Supermärkten bzw. Großhändlern organisiert.

---

[15] Vgl. GTAI Internet. Vergleich Deutschland: 96.600 Bücher, 1.569 Magazine, 129 Zeitungen (vgl. Börsenverein Internet, Statista Internet I+II).

3.5.3 Produktpräsentationen, Promotion-Events und Sponsoring

Die Möglichkeit zum Kennenlernen und Testen eines Produktes wird den chinesischen Kunden auch im Rahmen von speziellen Werbeformen wie Produktpräsentationen, Samplingaktionen, Promotionevents oder Sponsorings ermöglicht.

Produktpräsentationen, ggf. mithilfe einer bekannten Persönlichkeit, bieten sich vornehmlich für die Neueinführung von Waren an. Als Austragungsort kommen Einkaufszentren, Supermärkte oder Haupteinkaufsstraßen infrage. Es ist wichtig, dass die Aktionen mehrere Tage dauern, um den Aufbau von persönlichem Kontakt zu ermöglichen und dem Bedürfnis nach Unsicherheitsvermeidung entgegenzukommen. Im Vergleich zu westlichen Ländern darf die Lautstärke und Lebhaftigkeit bedenkenlos gesteigert werden, um sich an die lokale Reizschwelle anzupassen. Neben Maskottchen als Fotomotiv treffen Aktivitäten zum Teilnehmen auf hohe Nachfrage: Zur Weltmeisterschaft 2014 in Brasilien stellte Heineken Kickertische in ausgewählten Supermärkten auf. Ray-Ban bot eine Computersimulation an und als Fotogelegenheit lud ein historisches rotes Motorrad ein.

Neue Produkte kommen täglich auf den chinesischen Markt, und Unternehmen müssen den Konsumenten bei seiner Kaufentscheidung „unterstützen". Zeitenübergreifend ist daher der Einsatz von geschultem, professionellem Promotionpersonal empfohlen, das passend zum Produkt oder Unternehmen gekleidet ist und mit oder ohne Stand im Supermarkt aktiv Kunden anspricht und Probepackungen verteilt. Studien weisen auf, dass chinesische Käufer eine hohe Empfänglichkeit für zwischenmenschliche Beratung am Einkaufsort aufzeigen. Vor allem bei Konsumgütern erachten es Chinesen als wichtig, ein Produkt wenn möglich schon vor dem Kauf kennenzulernen und nicht erst bei der Anwendung. Samples gelten als passendes Mittel, Konsumenten von der Qualität eines Produktes zu überzeugen. Die Testmenge, besonders bei Pflegeprodukten, sollte für mehrere Anwendungen reichen, um Zufallsergebnisse aus Sicht des Kunden auszuschließen. Zur Steigerung des Interesses eignen sich bei Neueinführungen auch Rabattaktionen. Die Schriftzeichen „买一送一" (mai yi song yi) sind häufig anzutreffen: Beim Kauf eines Produktes erhalten Konsumenten ein weiteres als Geschenk. Toblerone bot beim Kauf einer 100-g-Packung zusätzliche 50 g als Anreiz an. Kaufzugaben sind generell ein beliebtes Mittel, um im Regal aufzufallen und den Blick des Konsumenten auf sich zu lenken. Bei Fisherman's Friend gab es Dosen in britischen Motiven wie Telefonbox oder Londoner Doppeldeckerbus, Danone bot Frischhaltedosen an und Yakult Taschenlampen in Form von Pandabären und Yakult-Fläschchen. Wrigley's offerierte zum Frühjahrsfest zusätzliche 18 Kaugummis verpackt in einem roten, rechtwinkligen Beutel, der sich an chinesische Hongbao anlehnte. In diesen roten Umschlägen werden zum Fest klassisch Geldgeschenke übermittelt.

Um die Bekanntheit und das Image eines Herstellers zu fördern, bietet sich auch das Sponsorship von Veranstaltungen, öffentlichen Einrichtungen oder von Vereinen an. Es wird empfohlen, Wirtschaftsaktivitäten durch soziales und gesellschaftliches Engagement zu begleiten und dadurch Verbundenheit gegenüber dem chinesischen Volk auszudrücken. Viessmann initiierte in dem Pekinger Künstlerviertel 798 die Kesselkunst-Ausstellung „Embedded Creation". Innerhalb von einer Woche kamen über 53.000 Besucher. Das Projekt wurde zudem in den Veranstaltungsrahmen der 40-jährigen diplomatischen Beziehungen zwischen Deutschland und China aufgenommen.

Auf dem Weg zur Chinability 4

Das Chinageschäft ist komplex, anspruchsvoll und herausfordernd. Die Praxisbeispiele und Fallstudien in den vorangegangenen Kapiteln sowie die Analyse ihrer landesspezifischen und kulturellen Hintergründe haben aufgezeigt, dass unternehmerische Aktivitäten neben volkswirtschaftlichen Rahmenbedingungen sowie staatlichen Direktiven in hohem Maße durch kulturell bestimmte Verhaltensmuster und Konventionen beeinflusst werden. Hier wurden maßgebliche und langfristig gültige Einfluss- und Erfolgsfaktoren herauskristallisiert, die bei konsequenter Anwendung mit einer positiven Unternehmensentwicklung in Wechselbeziehung stehen. Je nach Ausgangslage und Zielsetzung gilt es, diese bei der Entwicklung der eigenen Chinastrategie mit kultureller Sensibilität unvoreingenommen zu beleuchten und zu analysieren.

Die Geisteswelten des Westens und des Ostens liegen bis heute sehr weit auseinander, doch wurde deutlich, dass bestehende Differenzen nicht als unvermeidbare Fehlerquellen gelten müssen. Vorausgesetzt, wie es bereits Leibniz in der Novissima Sinica 1679 festhielt, dass die westliche Belehrungsgesellschaft die Bereitschaft entwickelt, sich in Sachen China in eine Lerngesellschaft umzuwandeln. Vorsicht muss walten, dass offensichtlich Wahrgenommenes nicht zur Bestätigung mitgebrachter Einstellungen selektiert wird. Darüber hinaus steht auch die sogenannte „Chineseness" – das im Zuge in- wie ausländischer Wahrnehmung gezeichnete, der Weltöffentlichkeit präsentierte, nichtsdestotrotz konstruierte Chinabild – einer Vermittlung der wahren chinesischen Identität entgegen. Diese Diskrepanz steigt überproportional, solange westliche Stagnation und sich wiederholende Stereotypbefriedigung auf chinesische Dynamik trifft.

So gilt es heute im China-Marketing insgesamt zu beachten, dass chinesische Konsumenten, auch wenn ihre Nachfrage nach westlichen Waren hoch ist, auch wenn China nie zuvor mit der restlichen Welt so eng verbunden war, keineswegs im Zuge einer Modernisierung verwestlichen. Nur weil Chinesen heutzutage auch

© Springer Fachmedien Wiesbaden 2015
A. Tank, *China-Marketing*, essentials, DOI 10.1007/978-3-658-11032-1_4

bei KFC essen oder Levi's Jeans tragen, hat die Globalisierung eine Differenzierung in China nicht überflüssig gemacht. Dieses anzunehmen, hieße aus Fehlern anderer nicht zu lernen und seine Augen vor der hintergründigen Realität zu verschließen. Jahrtausende chinesischer Kulturgeschichte zeigen, dass China zwar stets neue Einflüsse aufgenommen hat, diese jedoch auf Praktikabilität prüfte und so weit an die eigenen Bedürfnisse anpasste, dass eine Herkunft von außen kaum mehr ersichtlich war. Diese Kraft der Assimilierung verhalf China seit jeher, seine Kultur zu festigen, Charakteristika zu erhalten und bis in die Gegenwart zu transferieren. Schon 1936 schreibt die Frankfurter Zeitung, China erschließe sich den Erfindungen des Westens schnell und geschickt – um in der Tiefe freilich alles Westliche, die Maschinen und ihr Tempo, die abendländischen Sitten und Begriffe, wieder zu verleugnen. Das uralte China erkenne nur in sich selbst seine letzte Instanz.[1] Managementbücher dieses Jahrtausends fordern, Ausländer in China sollten sich damit abfinden, für Chinesen nichts mehr als „Atmosphäre" zu sein, die geprägt sei durch Technologie, Wissen und Finanzkraft.[2] Die chinesische Geisteswelt wird indes dem westlichen Wissen, vor allem in Bezug auf Technik, stets übergeordnet, wie es das vorgestellte Ti-Yong-Prinzip einfordert. Gerade in Zeiten eines Umbruchs bietet diese Methode kulturellen Rückhalt und verleiht der eigenen Kultur Kontinuität und Sinn. Von Senger zitiert den chinesischen Schriftsteller Zhang Xianliang mit den Worten, die chinesische Geschichte sei die eigentliche Religion des chinesischen Volkes, schließlich würde sie als Spiegel benutzt, um Wegleitungen für die Zukunft zu suchen. Darüber hinaus verfüge sie über eine integrierende Kraft und vermittele „Superstabilität".[3]

Maßgeblich entscheidend für den Erfolg und eine positive Antwort auf die Frage nach der „Chinability" des eigenen Unternehmens – hier schließt sich der Kreis zu den eingangs zitierten Studien der Handelskammern und den größten Herausforderungen – ist und bleibt damit die Chinakompetenz der Mitarbeiter und nicht zuletzt deren langfristiger Einsatz im Land. Hier ist nicht allein vorbereitend wesentlich mehr zu erwarten, als es Trainings in interkultureller Sensibilisierung und Geschäftsetikette leisten können, sondern Tiefgang in Landeskunde, Kultur und Sprache. Ist die Bereitschaft vorhanden, kontinuierlich Neues zu lernen, sowie das Talent, die Welt stets dialektisch auch aus der Perspektive der jeweils anderen sehen zu können, kann die Brückenfunktion erfolgreich ausgefüllt werden. Auch auf Seiten des Stammsitzes sind die Hausaufgaben zu machen, denn wesentliche erfolgsschmälernde Risiken gehen nicht automatisch vom Markt aus, sondern lie-

---

[1] Vgl. Armbrusten 1936, S. 17.

[2] Vgl. McGregor 2005, S. 21.

[3] Vgl. von Senger 2008, S. 36.

gen auch unternehmensintern in der Unfähigkeit, lokale Realitäten in etablierte Systeme zu integrieren.

Die zu Beginn gezeichnete Metapher des Langen Marsches bestätigt sich wieder und wieder. Wer bereit ist, sich dieser anspruchsvollen Herausforderung zu stellen, wird mit unternehmerischem Gespür und interkulturellem Talent auf der Topografie des chinesischen Globus erfolgreich seine Strecken bestreiten.

Literatur

AHK: Business Confidence Survey. German Business in China, Shanghai (2014)

Allianz China: Brand Management Department. Allianz China Life Insurance Co. Ltd., Shanghai (2010)

Armbrusten, J.: Aus dem Fernen Osten – China im Roman. Literaturblatt der Frankfurter Zeitung, 9. Jg., Nr. 2, S. 17, 12. Jan. 1936, Frankfurt a. M. (1936)

Dawson, R.: The Chinese Chameleon: An Analysis of European Conceptions of Chinese Civilization. Oxford University Press, London (1967)

EUCCC: Business Confidence Survey, European Business in China, Beijing (2014)

Kaeuffer, J.E.R.: Das chinesische Volk vor Abrahams Zeiten, zu gutem Theile als Spiegel für die Völker des 19. Jahrhunderts. Rudolf Kuntze, Dresden (1850)

Kuhn, F.: Kin Ping Meh oder die abenteuerliche Geschichte von Hsi Men und seinen sechs Frauen. Insel, Frankfurt a. M. (1977)

Li, Y.: The Illustrated Book of Changes. Foreign Languages Press, Peking (1997)

McGregor, J.: One Billion Customers – Lessons from the Front Lines of Doing Business in China. Nicholas Brealey, London (2005)

Osterhammel, J.: Die Entzauberung Asiens: Europa und die asiatischen Reiche im 18. Jahrhundert. Beck, München (1998)

Tank, A.: China-Marketing – Erfolgsfaktoren für die Marktbearbeitung, 2. Aufl.. Peter Lang, Frankfurt a. M. (2006)

Tank, A.: Zwischen Faszination und Furcht, Ausländische Marktakteure in China auf der Suche nach Stabilität und langfristig gültigen Einfluss- und Erfolgsfaktoren. Peter Lang, Frankfurt a. M. (2010)

Voigtländer-Tetzner, W.: Chronik der BASF – Die kaufmännische Entwicklung der BASF 1865-1938, BASF Archiv, T12/2, Ludwigshafen (2008)

von Senger, H.: Moulüe – Supraplanung, Unerkannte Denkhorizonte aus dem Reich der Mitte. Hanser, München (2008)

Weggel, O.: Das nachrevolutionäre China – Mit konfuzianischen Spielregeln ins 21. Jahrhundert. Institut für Asienkunde, Hamburg (1997)

Wilhelm, R.: Kungfutse – Schulgespräche, Diederichs, München (1997)

© Springer Fachmedien Wiesbaden 2015
A. Tank, *China-Marketing*, essentials, DOI 10.1007/978-3-658-11032-1

Internetquellen

Auswärtiges Amt: www.auswaertiges-amt.de/DE/Aussenpolitik/Laender/Laenderinfos/China/Bilateral_node.html

Bloomberg: www.bloomberg.com/bw/articles/2014-11-19/baidus-online-ad-revenues-roughly-double-that-of-cctvs-prime-shows

Börsenverein: www.boersenverein.de/de/182716

Chicago Business: www.chicagobusiness.com/article/20140201/ISSUE01/302019985/can-china-rescue-mcdonalds

China Daily: http://usa.chinadaily.com.cn/business/2015-02/27/content_19670216.htm

China Internet Watch: www.chinainternetwatch.com/10504/top-10-cosmetic-brands-by-online-ad-spend-sep-2014/

China Marketing Blog: http://chinamarketingblog.com/2012/08/23/chinapionier-nike-vom-millionenverlust-zur-marktfuhrerschaft/

eMarketer: www.emarketer.com/Article/Mobile-Ad-Spend-China-Hits-7-Billion-This-Year/1011711

GfK I: www.gfk.com/de/news-und-events/presse/pressemitteilungen/seiten/gfk-kaufkraft-europa-2014-2015.aspx

GfK II: www.gfk.com/de/documents/pressemitteilungen/2014/20141215_pm_gfk-kaufkraftstudie_deutschland_fin.pdf

Group M: www.groupm.com/news/groupm-news/groupm-forecasts-98-percent-ad-spending-increase-china-2014

GTAI: www.gtai.de/GTAI/Navigation/DE/Trade/maerkte,did=1126180.html

Magna Global: http://news.magnaglobal.com/article_display.cfm?article_id=1666

McKinsey: www.mckinsey.com/insights/asia-pacific/meet_the_chinese_consumer_of_2020

Reuters I: www.reuters.com/article/2014/11/06/beiersdorf-results-china-idUSFWN0SW02720141106

Reuters II: www.reuters.com/article/2015/02/03/us-china-internet-idUSKBN0L713L20150203

SNB Law: www.snb-law.de/fileadmin/user_upload/PDFs/Managing_IP_article.pdf

Statista I: http://de.statista.com/statistik/daten/studie/244886/umfrage/publikumszeitschriften-in-deutschland/

Statista II: http://de.statista.com/statistik/daten/studie/36376/umfrage/anzahl-von-tageszeitungen-in-deutschland-seit-1965/

Statistisches Bundesamt I: www.destatis.de/DE/ZahlenFakten/GesellschaftStaat/Bevoelkerung/HaushalteFamilien/Aktuell.html;jsessionid=412AE16B27D48DE1C99E6CB45B17CD58.cae2

Statistisches Bundesamt II: www.destatis.de/DE/Methoden/Zensus_/Tabellen/Wohnsituation_HH_Zensus11_Wohnflaeche.html

Statistisches Jahrbuch 2013: www.stats.gov.cn/tjsj/ndsj/2013/indexeh.htm

The Economist: www.economist.com/news/business/21642183-film-business-changes-imax-determined-stay-front-row-just-ticket

WIPO: www.wipo.int/pressroom/en/articles/2014/article_0018.html